KB139896

두만강에 평화가 흐를 때, 통일은 대박이다

두만강에 평화가 흐를 때, 통일은 대박이다

/

이헌근 지음

발간사: 왜 두만강인가?

'아메리카 퍼스트'와 '차이나 퍼스트' 사이에서 우리는 '코리아 퍼스트'의 길을 찾아야 한다. 미중일 국가주의의 충돌에 직면한 한국 외교의 운명은 새로운 귀로에 놓여 있다. 한반도 사드 배치를 둘러싼 중국의 전방위 보복은 '한국 길들이기'의 새로운 형태이며, 향후 우리가 경험해야 할 숙제들을 지금 새롭게 당면하고 있다 할 것이다. 한중 FTA 재협상과 미국의 보호무역 강화, 미일동맹 강화와 한국의 보이지 않는 고립, 중국의 사드 보복과 경제 위협, 이 모든 것의 근본 원인은 어쩌면 한반도 분단 상황에 기인한다. 최순실게이트와 박근혜정부의 몰락, 사드와 외교적 위기, 북핵과 미사일 위협 등 우리는 무엇으로 대한민국의 총체적 위기를 극복하고, 나아가 이를 기회로 전환할 것인가? '코리아 퍼스트'의 시작은 분단 현실에 대한 자성적 인식과 이를 극복하려는 사회적 공감대의 확산에서 비롯된다 할 것이다. 따라서 본 연구는 분단 대한민국이 당면하고 있는 '운명적 고독'을 새롭게 직시하고, 이를 극복하고자 하는 근원적 노력의 일환이다.

최근 출범한 문재인 정부는 남북관계와 한반도의 미래 청사진을 다음과 같이 제시하고 있다. 즉, "전쟁 위협이 사라진 한반도에 경제가 꽃피우게 하겠다. 남북이 아우르는 경제공동체는 대한민국이 만든 '한강의 기적'을 '대동강의 기적'으로 확장시켜 세계 경제 지도를 바꾸는 '한반도의 기적'을 만들어 낼 것" 문재인 대통령은 취임후

2017년 6월 1일 제주포럼 영상 기조연설을 통해 남북경제공동체는 한반도와 동북아시아에 평화체제를 정착시키는 역할을 할 것임을 강조한 바 있다(중앙일보 2017. 6. 2일자 1면).

'대동강의 기적'은 그 바탕이 남북관계 개선과 북한의 정상국가화이며, 또한 한반도 평화를 위한 국제적 협력이 '성공 조건'이라고 필자는 생각한다. 아울러 필자는 이미 '대동강의 기적'보다 '두만강을 통한 동북아 협력지대 창출이 훨씬 더 한반도는 물론 동북아 평화에 현실성이 있음을 여러 연구들을 통해 강조한 바 있다(이헌근, 2016). 그렇다면 왜 두만강인가? 두만강의 의미와 가치에 대해 생각하는 공간을 여는 것이 본 저술의 기본적 목적이기도하다.

두만강은 북중러 국경을 공유하는 한반도의 대륙 관문이다. 중국은 동북3성의 발전을 위한 창지투프로젝트, 즉 동북진흥 전략을 추진하고 있고, 러시아 역시 낙후된 하산 블라디보스톡을 포함한 동시베리아 지역의 개발에 고심하고 있다. 현재의 북한 역시 국제적으로 고립무원의 상태이며, 경제적 생존과 번영이라는 과제를 안고 있다. 이처럼 북중러 삼국의 고민이 맞닿는 지역이 두만강이다. 두만강이라는 접경지역은 새로운 경제협력의 패러다임을 열 수 있는 가치있는 공간이다. 필자는 이를 한반도의 창조적 가치로 명명한 바 있다(이헌근, 2015).

이 논의는 구체적으로 나선지역, 훈춘 일부지역과 러시아 하산을 포함하는 광역나선경제특구(가칭)로 확산되도록 해야한다. 두만강을 접경지역으로 초국경지대 개발이 가능한 동북아 유일의 공간이 이곳이다. 중국과 러시아의 적극참여 의향은 이미 가시화되었고, 북한 설득의 과제만 남아있다. 한국이 큰 그림을 그리고 중국과 러시아를 주도적으로 설득해나가야 한다. 북한의 참여는 중국과 러시아가 설득할 수 있는 문제이기도 하다. 이처럼 두만강을 중심으로 한 동북아지역협력은 북한의 정상국가화와 한민족의 미래를 여는 희망을 창출하는 작업이고, 우리 정부가 주도해야 할 이 시대의 과업이기도 하다.

　요컨대 한반도의 미래 가치는 우리 스스로를 동북아 평화협력의 중심 공간으로 창출 할 수 있을 때 더욱 두드러질 것이다. 이러한 관점에서 필자는 한반도의 미래가치를 높이고, 반복적 남북 긴장과 남북협력 제로시대에 어떻게 남북관계를 복원하고, 나아가 남북한 신뢰와 협력의 공간을 한반도에 강력하게 구축할 수 있을까 라는 지극히 당연하지만 쉽지 않은 물음에 방안을 모색하고자 한다. 이는 분단에 대한 자성적 인식의 확산, 남북 신뢰 구축의 필요성에 대한 공감대 확대, 그리고 북한의 정상국가화에 의해 비로소 가능할 것이다.

　북한의 정상국가화 논의는 북한이 집단최면사회에서 벗어나 국제사회의 일원, 이성적 국가, 이성적 국민으로 거듭남을 의미한다. 북한의 정상국가화는 북한뿐만 아니라, 우리 대한민국도 외교적 자주성을 회복하는 국가로 거듭남을 의미한다. 북한의 정상국가화는 북한이 국제사회에서 당당한 외교적 독립국가로 등장함을 의미하며, 국제사회의 협력 동기를 부여하는 중요한 의미를 지닌다. 구체적으로 북한을 통해 동아시아 화해 협력공간과 평화공간의 창출, 두만강 프로젝트, 시베리아횡단열차(TSR)와 한반도 가스연결, 캄차크반도와 동시베리아 개발이 가능하다. 나아가 이를 통한 러시아. 일본, 중국의 정상국가화를 연결하는 지렛대 역할을 북한이 할 수 있다. 북한의 정상국가화, 나아가 분단이 극복된 한반도는 세계의 협력과 평화를 주도하는 국가로 거듭날 수 있음을 자각하고, 이를 앞당기는 민족의 지혜를 모아야 할 중대한 시기가 바로 지금이다.

이 저서는 2014년 정부(교육부)의 재원으로 한국연구재단의 지원을 받아 수행된 연구임(NRF-2014S1A5B5A07040339)을 밝힌다. 특히 본 저서의 제1장은 "통일시대 준비와 통일대박론 현실화 전략: 한반도의 지정학적 가치와 광역두만강개발계획(GTI)"이라는 제목으로 학회에 발표되었음과 더불어 한국연구재단의 지원으로 본 연구가 수행된 사연을 언급하며 감사드린다. 또한 본 저서의 일부 내용은 2001년에 간행한 『통일, 민족주의 그리고 제3의 길』라는 필자의 저서에서 이미 소개된 글임을 밝힌다. 비록 오래전에 필자가 쓴 글이지만 여전히 이 시대가 사유하고 고민해야 될 주제들을 담고 있고, 또한 우리 사회에서 활발하게 진행되어야 할 통일과 한민족 통합 문제에 대한 담론의 장을 다시 열고 싶은 필자의 열망 때문이다.

2017년 8월, 평화로운 세상을 염원하며

一加 李 憲 根

:: 차례

Part 1

통일시대 준비와 통일대박론 현실화 전략:
한반도의 지정학적 가치와 광역두만강개발계획
(GTI)[*]

I. 서론

남북분단 70여년이 지나가고 있음에도 미국과 중국의 대한반도 책략은 현재와 같은 분단 상황의 유지, 나아가 이를 정략적으로 이용하는 것에 머물러 있다. 사드 논란, 북핵과 미사일 문제를 바라보는 이들의 관점 역시 이에 따른 것이다. 따라서 우리는 미국과 중국의 이러한 한반도 분단에 대한 시각을 바꾸는 지혜가 필요하다.

한반도 평화체제와 궁극적으로 남북통일이 미국과 중국 모두에게 현재보다 더한 큰 이익을 제공할 수 있는 가능성을 합리적으로 설득할 외교적 역량 결집이 요청되는 시대이다. 그렇다면 우리는 무엇으로 이들을 설득하고, 평화와 통일이라는 오랜 숙원을 실현할 것인가? 주지하다시피 이는 북한의 정상국가화와 남북신뢰 구축에서 시작된다. 따라서 대한민국 외교의 시작과 끝은 결국 남북관계임을 다시금 자각해야한다. 더불어 분단 70년간 이질화된 이념과 가치, 우리 내부의 모습을 되돌아 보는 내재적이고 반성적인 접근이 필요하다. 이러한 문제의식을 바탕으로 우리 내부를 어떻게 자성할 것인가,

---

* 이 논문은 2014년 정부(교육부)의 재원으로 한국연구재단의 지원을 받아 수행된 연구임 (NRF-2014S1A5B5A07040339).

그 자성을 통해 발견된 일그러진 우리의 자화상을 어떻게 바로 잡을 것인가에 대해 고민해야 한다. 즉 이는 대한민국의 미래, 통일한국을 위해 우리는 무엇을, 어떻게 준비할 것인가에 대한 중대한 문제로 귀결된다.

이명박, 박근혜정부는 통일항아리, 통일시대준비위원회, 통일대박론 등을 강조한 바 있다. 하지만 여전히 남북관계 제로시대, 남북한 상호불신의 시대가 작금의 우리 현실이다. 분단 70년 남북간의 이질화와 더불어, 우리 사회 내부의 분리된 심리적, 이념적 단절 혹은 피해의식 또는 인위적으로 만들어진 분리된 표상들을 스스로 자각해야 한다. 우리 사회는 무엇으로 지탱되는가, 우리의 미래는 무엇을 지향하는가? 가치부재, 우리 사회가 당면한 가장 큰 비극은 바로 여기에 있다.

'아메리카 퍼스트'와 '차이나 퍼스트' 사이에서 우리는 '코리아 퍼스트'의 길을 찾아야 한다. 미중일 국가주의의 충돌에 직면한 한국 외교의 운명은 새로운 귀로에 놓여 있다. 한반도 사드 배치를 둘러싼 중국의 전방위 보복은 '한국 길들이기'의 새로운 형태이며, 향후 우리가 경험해야 할 숙제들을 지금 새롭게 당면하고 있다 할 것이다. 한중 FTA 재협상과 미국의 보호무역 강화, 미일동맹 강화와 한국의 보이지 않는 고립, 중국의 사드 보복과 경제 위험, 이 모든 것의 근본 원인은 어쩌면 한반도 분단 상황에 기인한다. 최순실게이트와 박근혜정부의 몰락, 사드와 외교적 위기, 북핵과 미사일 위협 등 우리는 무엇으로 대한민국의 총체적 위기를 극복하고, 나아가 이를 기회로 전환할 것인가? '코리아 퍼스트'의 시작은 분단 현실에 대한 자성적 인식과 이를 극복하려는 사회적 공감대의 확산에서 비롯된다. 따라서 본 연구는 분단 대한민국이 당면하고 있는 '운명적 고독'

을 새롭게 직시하고, 이를 극복하고자 하는 근원적 노력의 일환이다.

필자는 최근 취임한 독일대통령의 말에서 그 해법을 발견할 수 있을 것으로 생각한다. 프랑크 발트 슈타인마이어 대통령은 2017년 3월 12일 취임전 일성으로 '독일이 희망이다. 용감하게 전진하자'라는 당선 소감을 밝힌바 있다. 즉 "민주주의가 작동하는 독일이 이 어려운 시기에 닥친 세계에서 안정을 위해 싸워야할 책임이 있다." 독일이 과거 두 차례 전쟁을 지나고 전체주의(나치즘)를 극복하고 나서 "전 세계의 많은 사람에게 희망의 닻이 됐다는 것이 얼마나 근사한가" 라면서 독일인들이 이에 대해 자부심을 가져야 한다고도 했다(국제신문 2017년 2월 13일자 13면).

위에서 언급한 독일대통령 당선인의 일성은 통일독일의 자신감, 세계의 안정과 평화에 대한 독일지도자의 책임감과 '희망의 닻'이라는 자부심 그리고 무엇보다 지도자가 국민에게 주는 희망의 메시지는 참으로 부러움 그 자체다. 분단과 분열된 대한민국은 무엇으로 살아남을 것이며, 어떻게 세계에 기여할 것인가? 그것은 통일시대 준비에 달려있다. 통일대박론을 현실화시키는 것은 이 시대를 사는 우리의 과제다. 필자는 본 연구에서 한반도의 지정학적 가치, 특히 두만강이라는 천혜의 보물에 독자의 관심을 유도하고자 한다.

Ⅱ. 통일시대 준비와 통일대박론 논의

1. 왜 통일대박론인가

대한민국이 직면한 성장의 한계와 분배 혹은 복지의 위기, 남북관계 제로시대와 북핵·미사일 위협 등 당면한 총체적 위기를 무엇으로 극복할 것인가? 궁극적으로 남북관계 개선과 협력 그리고 통일은 우리가 지향해야 할 숙명적 과제다. 왜 통일인가, 그리고 통일대박론인가?

박근혜정부에 와서 통일대박론, 통일시대준비위원회 설치 준비 등 통일준비에 대한 강조가 반복되고 있다. 이러한 시점에 본 연구는 기본적으로 한반도를 둘러싼 동북아 환경요인 분석과 이를 통한 코리아 비전 모색이라는 문제의식에서 출발한다. 동북아 평화의 출발점이 왜 한반도인가, 왜 두만강이 그 중심이 될 수 있는가에 대해 우리 스스로 명확히 답할 수 있을 때, 한민족의 미래는 밝아질 수 있다. 이를 위해 한반도의 지정학적 가치에 대한 정확한 인식을 바탕으로, 우리가 활용 가능한 '평화'를 통해 새로운 가치 창출을 모색하고자 한다. 필자는 통일과정과 통일한국의 미래를 위해서 그 필요성이 절실한 이 새로운 가치를 '창조적 가치'로 명명하며, 이 연구는 궁극적으로 통일 비용절감은 물론 한민족 통일기회의 확보에 중요한 모멘텀을 제공할 수 있을 것이라 생각한다.

근본적으로 한반도의 통일문제는 동북아 공동의 관심사이며, 동북아 공동의 이익 추구라는 현실과 맞물려 있다. 따라서 한반도 분단극복은 관련국가들간 상호 신뢰와 이익이라는 공존의 공간 속에서 가능하다 할 것이다. 그럼으로 우리는 주체적이고 적극적으로 동북아 공동의 이익이라는 가치를 생산하고 교환할 수 있는 창조적 가치 공간을 만들어가야 한다. 그렇다면 우리는 무엇으로 창조적 가치를 생산할 것인가에 대한 지혜를 모아야 한다. 필자는 그 가능성을 북한의 두만강을 중심으로 함경도, 중국 동북3성의 일부 지역을 함께 개발하는 UNDP의 두만강경제공동체로 발전 노력에서 발견하고자 한다. 본 논의가 전혀 새롭게 제기되는 것은 아니나, 필자는 그 중요성과 의미에 대해 분석할 것이며, 향후 지혜로운 담론의 장을 열고자 한다.

그렇다면 현 시점에서 '왜 우리는 두만강에 주목해야 하는가?' 동북아 각국의 이익이 교차하는 동북아의 유일한 지점이기 때문이다. 동북아 협력·상생의 공간은 지정학적으로 한반도에서 시작되어야 하며, 그 새로운 가능성과 소통의 공간이 바로 두만강이다.

'왜 한반도인가?' 중국과 미국, 러시아와 일본, 남북한의 이익이 함께 만날 수 있는 가능성의 공간이 두만강이기 때문이다. 우리는 이 점에 주목하여 화해와 평화, 소통과 공동의 이익을 창출할 수 있는 지정학적 가치에 주목하고 이를 잘 활용해야 한다. 동북아의 점증하는 국가별 갈등들은 영토분쟁, 역사갈등, 민족감정 등 오랜 역사적 과정의 산물이며, 따라서 일시에 해결할 수 있는 사안이 아니다. 일반적으로 갈등의 해결책은 소통과 화해, 협력과 상생일 수 있으나, 동북아의 경우는 우선은 충돌위험방지시스템 구축이 필요하다. 유럽의 경험을 반추해보자. 유럽 역사는 전쟁과 민족갈등의 역사로 점철되어왔다. 제2차 세계대전 이후 유럽은 ECSC, EEC, EC, EU로 발전해오면서 전쟁의 위험을 관리해온 점에 주목할 필요가 있다.

그렇다면 '동북아 평화의 시작을 위해 지금부터 무엇을 할 것인가?' EU의 경험처럼 동북아는 위험의 공존지역에서 위험의 공동관리를 위한 경제협력을 시작해야 한다. 두만강과 북한의 나선지역을 묶는 삼각주는 중국-러시아-한반도(북한)의 이익이 교차하는 북한의 위험관리나 경제발전, 동북아 경제협력지로 이미 UNDP(유엔개발계획)가 주목하고 검토한 바 있다.

본 연구는 기본적으로 우리의 현실 인식을 재고하여 미래를 준비하기 위한 작업의 일환이다. 외세에 의한 분단으로 인해 우리의 의도와 관계없이 국내외적으로 왜곡되고 축소된 한반도의 영토적 가치를 뛰어넘어야 21세기 한반도의 미래와 희망을 열 수 있음은 너무나 자명하다. 이를 위한 공간 활용의 지혜와 전략 모색이 한반도 통일과정과 통일한국의 미래를 위해 절실한 시대가 바로 지금이다. 즉 통일환경 조성과 관련하여 한반도의 지정학적 가치를 냉철하게 인식하고 지혜롭게 활용하여 새로운 가치를 창출해야 할 시점이다. 이를 창조적 가치라 하였고, 한반도의 공간 활용의 지혜가 우리의 미래를 만들 수 있다.

현실적으로 통일환경은 남북관계의 정상화와 협력의 바탕 위에서 조성될 수도 있고, 반면 현재처럼 남북관계의 비정상화와 돌발상황 속에서 통일비용 절감은 물론, 통일기회의 확보라는 두 마리 토끼를 잡아야 할 경우도 있다.

이처럼 한반도의 지정학적 운명은 비극과 함께 평화의 가능성이 교차하는 역사적 의미로 해석할 수 있을 것이다. 김경일은 대립과 갈등만 이야기하는 지정전략이 아니라 화합과 협력으로 국익을 극대화하는 새로운 지정전략, 그런 의미에서 한반도의 지정학적 운명은 결코 피해자로서만이 아닌, 수혜자가 될 수도 있는 계기를 맞이할 수 있지 않나 생각한다. 한반도는 해양과 대륙 사이에서 교량역

할을 할 수 있다는 것이다.[1)]

지정학적으로 한반도는 동북아 화해의 중심, 평화의 중심 역할을 할 수 있는 곳이며, 이제는 역사의 피해자가 아닌 '해결사'의 입장으로 변모할 수 있는 가능성을 우리 스스로 열어 나가야 한다. 그리고 그 시작은 남북관계의 정상화, 국제사회에서 북한의 정상국가화에서 비롯될 것이다.

동북아시아는 북미나 유럽과 달리 오늘날까지 제도적으로 협력한 바가 별로 없다. 다자안보체제나 경제협력체도 없다. 그 가장 중요한 원인이 바로 동북아가 아직까지 냉전의 음영을 벗어나지 못했고 정치적인 불신임과 안보 측면에서의 긴장을 벗어나지 못한 데 있다고 볼 수 있다. 근대사에 들어선 후 늘 그랬듯이, 동북아 질서변동의 핵심에는 늘 한반도가 있었고, 지금도 마찬가지라고 볼 수 있다. 한반도 냉전구도가 해체되지 않으면 동북아의 새로운 질서구축이 어렵다는 것이다. 북한 핵문제에 대한 공동대처라는 필요성 공감이 동북아 각국의 국가적 목표인 평화와 안보라는 면과 접합점을 이룬 것역시 변화의 시대를 열 계기가 되고 있으며, 따라서 동북아 평화안보체제 구축의 큰 그림을 구체화하는 작업을 할 시기가 도래하고 있다. 페퍼(John Feffer)의 논의도 같은 맥락에서 이해할 수 있다.

"앞으로 동북아 평화체제(peace regime)의 중심은 한반도가 될 것이다. 따라서 한반도가 안고 있는 역설이 지역안보시스템에 대한 희망과 꿈, 두려움 등을 표현하는 것은 그리 놀랄 일이 아니다. 사실, 그런 평화체제가 불가능한 많은 이유가 존재한다. 화려한 수사와는 반대로, 미국이나 북한은 양쪽 모두 서로 다른 이유로, 그러나 서로

---

1) 류장용, "동북아 평화체제의 구축," 『제3회 한겨레-부산 국제심포지엄 자료집』, 2007.

연관된 이유로 그런 시스템을 열망하지 않는다. 동시에 평화체제는 피할 수 없는 것이다. 한국이나 중국, 러시아는 다른 이유로, 그러나 서로 연관된 이유로 이러한 평화체제의 결과물을 지지한다."[2]

기본적으로 북한 핵문제는 남북한 간에 해결할 수 있는 문제가 아니며, 6자회담의 틀 안에서 진행되어야 한다. 비핵화와 종전선언, 그리고 한반도 평화체제 구축은 북한의 정상국가화 과정에서 꼭 필요한 사안이며, 또한 북한으로서는 당면한 체제위기·안보위기를 넘을 수 있는 유일한 방법일 수도 있다. 따라서 6자회담은 비핵화와 종전선언, 한반도 평화체제와 동북아 평화체제(다자안보와 협력체제)의 과정을 순차적으로, 또한 때로는 동시에 진행될 것이며, 이 과정에서 오히려 북한은 개방에 자신 있게 나설 수 있는 환경이 조성될 수 있을 것이다. 북한의 완전한 비핵화를 위해서는 한반도 평화체제 구축, 동북아 지역안보대화, 경제협력 등 3가지 사안을 동시에 진행시켜야 한다는 주장도 같은 맥락에서 이해할 수 있다.[3]

이와 더불어 역지사지의 입장에서 북한의 안정화·개방화를 자연스럽게 유도하는 방안을 모색해야 한다. 북한 체제의 위기와 안보의 위기의식 극복, 자연스런 개방, 그리고 경제협력과 통일이라는 역사적 과정의 현실화 노력이 요청된다.

2.통일시대 준비와 통일대박론 현실화 전략

본 연구는 남북관계 제로시대에도 불구하고, 분단극복과 통일을

---

2) 존 페퍼, "동아시아 평화체제: 불가능성과 불가치성," 『제3회 한겨레-부산 국제심포지엄 자료집』, 2007, p.35.

3) 리온 시걸, "한국을 위한 협력: 평화 프로세스와 비핵화," 『북한대학원대학교 국제학술회의 자료집』, 2008.

향한 멈출 수 없는 우리의 고민에서 시작한다. 대북정책의 현실화 전략과 통일대비 북한지역의 지정학적 접근의 조화라는 시각에서 지난 70년의 남북관계와 통일전략에 반성적 지혜를 찾고자 한다. 이를 위해 본 논문은 기본적으로 남북관계 제로시대 대북정책의 현실화 전략은 무엇인가, 어떻게 남북관계가 반복적으로 중단되는 것을 막을 수 있을까라는 기본적 물음으로 돌아가고자 한다. 즉 무엇으로 남북관계를 공고화 할 것인가 라는 질문에 답은 분명하다. 남북경협과 동반된 정치적 화해와 신뢰구축의 동시화 작업을 할 능력이 우리에게 있는가에 대한 자성과 지혜를 모으는 노력이 절실한 시점이다. 필자는 성장과 분배의 한계에 직면한 우리의 고민은 상당부분 남북관계를 새롭게 함으로써 돌파할 수 있다고 생각한다. 남북관계 제로시대인 작금은 분단후 남북관계 70년을 돌아보고 새로운 국민적 합의를 도출해야 할 시점이기도 하다. 따라서 본 연구는 무엇보다 독일통일 과정에 대한 성찰과 교훈을 바탕으로 남북관계 개선과 북한의 정상국가화, 남북경협과 통일대비 북한지역의 바람직한 활용이라는 지정학적 가치 제고라는 한민족 미래전략을 동시적으로 구축하는 고민이기도 한다.

1990년대 냉전 해소이후 남북관계 제로시대, 북한의 국제적 고립과 비정상국가 북한의 안보위협 증대로 인한 한반도 초유의 불확실성의 시대에 우리는 무엇을 할 것인가? 지금 우리는 통일을 앞당길 것인가, 통일을 늦추더라도 남북관계 정상화와 이를 통한 북한의 정상국가화, 경제적 수준의 향상 나아가 한반도 미래발전 전략이라는 마스터 플랜을 그려나가야 할지를 결정해야 할 시점이다.

한반도의 지정학적 운명은 비극과 함께 평화의 가능성이 교차하는 역사적 의미로 해석할 수 있을 것이다. 김경일은 대립과 갈등만

을 이야기하는 지정전략이 아니라 화합과 협력으로 국익을 극대화
하는 새로운 지정전략, 그런 의미에서 한반도의 지정학적 운명은 결
코 피해자로서만이 아닌, 수혜자가 될 수도 있는 계기를 맞이할 수
있지 않나 생각한다. 한반도는 해양과 대륙 사이에서 교량역할을 할
수 있다는 것이다.

지정학적으로 한반도는 동북아 화해의 중심, 평화의 중심 역할을
할 수 있는 곳이며, 이제는 역사의 피해자가 아닌 '해결사'의 입장으
로 변모할 수 있는 가능성을 우리 스스로 열어 나가야 한다. 그리고
그 시작은 남북관계 정상화, 국제사회에서 북한의 정상국가화에서
비롯될 것이다.

작금의 동북아는 '찻잔 속의 태풍', '폭풍 전야의 고요'라고 표현
할 수 있을까? 한마디로 표현하기 쉽지 않지만, 무엇보다 한반도를
둘러싼 동북아의 국제정세는 요동치고 있다. 동북아 평화의 시작인
두만강개발은 무엇보다 우리의 주도적인 외교 노력을 통해 이루어
질 수 있다. 중국과 미국을 움직일 수 있는 지혜, 러시아와 일본, 남
북한 모두가 윈윈하고 상생할 수 있는 협력의 모티브를 제공해야 한
다. 두만강개발계획에 참여하는 모든 국가들에게는 동북아 지역의
평화를 공동 관리하는 동북아 화해·협력 공간이 될 것이며, 중국에
게는 낙후된 동북3성의 발전과 동해로의 진출, 러시아에게는 극동의
동북시베리아 발전 기회, 미국에게는 동북아의 평화후원자로서의 역
할과 경제적 군사적 부담이 감소될 것이다.

그럼에도 불구하고 한반도는 100년 전의 하드웨어 속에 아직은
갇혀 있다. 지금의 국토 인프라는 일제가 식민지 경영과 대륙 진출
을 위해 기본 골격을 짜 놓은 것이다. 그동안 분단과 경제 개발을 거
치면서 정신없이 달려왔다. 한반도 공간 전략에 대해 진지하게 생각

해 본 적이 없다.

본 연구는 현재와 같은 남북관계에서 신뢰제로 상황의 반복을 어떻게 막을 수 있을까 라는 지극히 근본적인 물음에서 시작한다. 남북협력의 강도가 높을수록, 그 협력이 UN과 동북아 국가들의 국제적 참여 노력이 배가될 때, 우리는 일련의 북한문제를 해결할 실마리를 발견할 수 있을 것이다. 그렇다면 우리는 무엇으로, 어떻게 북한을 움직일 것인가를 고민해야 한다. 이는 곧 우리가 북한이라면 작금의 남북관계 속에서, 국제정치적 상황 속에서 궁극적으로 무엇을 얻을 것인가 라는 역지사지에서 그 답을 발견할 수 있을 것이다.

2015년 푸틴의 신동방정책, 시진핑의 일대일로, 박근혜정부의 유라시아 이니셔티브라는 다른 이름의 유사한 동북아 공동의 관심사가 제기되었다. 그리고 이 셋의 근접점이 두만강과 북한의 나선지역이며 그 연결지점이 한반도가 될 수 있다. 일본 역시 이 관심사에서 배제될 수 없는 운명에 놓여있다. 따라서 한반도의 지정학적 가치는 향후 증대될 수 있으며, 우리는 비록 분단시대에 살고 있더라도 이 가치를 극대화할 지혜와 전략을 모색해야 한다.

한반도의 미래 가치는 우리 스스로를 동북아 평화협력의 중심 공간으로 창출 할 수 있을 때 더욱 두드러질 것이다. 이러한 관점에서 필자는 한반도의 미래가치를 높이고, 반복적 남북 긴장과 남북협력 제로시대에 어떻게 남북관계를 복원하고, 나아가 남북한 신뢰와 협력의 공간을 한반도에 강력하게 구축할 수 있을까 라는 지극히 당연하지만 쉽지 않은 물음에 방안을 모색하고자 한다.

세계적 경제위기, 미중의 대립 등 국제적 환경변화와 남북관계 제로시대에 우리는 무엇을 할 것인가? 그럼에도 불구하고 이제 우리는 새로운 남북관계 방향을 정립해야 한다. 통일보다 통일한국의 미래에 초점을 두고 북한을 움직일 지혜가 절대적으로 필요한 시점이다. 이를 위해서 남북관계 개선과 국제적인 협력을 이끌어내 북한의 정상국가화를 동시에 추진할 필요가 있다. 6자회담과 북미 평화협정 그리고 다자협정이라는 틀 속에서 북한은 물론 동북아 전체의 화해와 협력, 나아가 평화를 모색하는 새 틀을 동시에 만들어가야 한다. 이를 위해 일본과 북한의 참여라는 역사적인 타협의 공간이 필요하며, 중일과 북일 그리고 미중간의 화해가 동시에 이루어질 수 있는 다자협정의 공간을 열어야 한다. 북한에 대한 외부의 영향력이 확대되고, 이를 통해 북한의 이익과 정상국가화가 진전될 때, 한민족 통일은 마침내 북한 주민들이 스스로 선택하고 결정하게 될 것이다.

분단 70년 동안의 남북관계를 회고하건대, 현 시점에서 우리에게 중요한 것은 통일에 대한 공감대형성의 노력이다. 분단후 각 정부들의 다양한 대북정책들, 예컨대 평화정책, 공존공영 그리고 햇빛정책, 한반도 신뢰프로세스 등 다양한 정책에도 불구하고 우리는 현재 남북관계 제로시대라는 한계에 직면하고 있다. 이제 선택해야 한다. 흡수통일, 통일대박론 등 통일논의보다는 좋은 남북관계 형성을 위해 노력할 때 통일은 어느 순간 자연스럽게 우리에게 다가올 것이다. 독일의 경험에서처럼 남북경협과 신뢰 구축, 이산가족의 교류와 정상회담의 정례화 등 우리 내부적인 관계개선 여건의 형성과 강화, 나아가 남북경협을 넘어선 외부참여 증대, 즉 국제적 참여와 협력 여건을 강화해나가야 한다. 통일정책의 기본방향 역시 독일의 경험처럼 마침내 북한 주민들이 통일을 스스로 선택하게 만들어야 한다.

이를 위해서, 남북경협을 넘어서는 북방경제협력을 현실화하기 위해서는 우리 스스로 인식의 전환이 무엇보다 중요하다. 정부는 물론이고 한국사회 전체가 북한을 바라보는 인식, 그리고 동아시아 및 유라시아를 바라보는 인식의 전환이 새로운 북방경제시대를 우리가 능동적으로 열어갈 수 있을 것이다(이찬우, 212). 요컨대 작금의 어려운 시대적 상황에도 불구하고 남북관계 개선과 한반도 평화, 미래에 대한 거시적 비전과 철학이 필요한 시대가 바로 지금이다.

다시금 왜 통일인가? 앞서 언급한 독일 대통령의 말처럼 평화를 위협하는 세계유일의 분단국에서 세계평화에 기여하는 당당한 국가가 되기 위해서, 민주주의와 인권, 복지 그리고 번영을 위해서 궁극적으로 통일은 이루어야 한다. 성장과 분배 혹은 복지의 위기에 직면한 대한민국, 절대빈곤과 세계평화를 위협하는 고립무원의 북한, 위기의 대한민국에서 벗어남과 북한의 새로운 탄생은 궁극적으로 통일로 가능하다. 그러나 통일은 한순간에 이룰 수 있는 꿈이 아니다. 통일로 가기위한 최선의 방법 가운데 하나가 두만강이 될 수 있음에 주목하고자함이 본 연구의 주된 목적이다. 우리가 준비하고, 우리가 원하는 통일을 이룰 수 있을 때, 통일은 진정 대박이 된다. 본 연구에서 필자의 기본적인 인식은 두만강의 가치와 의미 그리고 창조적 관리와 활용은 마침내 북한과 대한민국을 구하는 생명줄이 될 것이라는 점에 있다. 두만강은 한반도가 지닌 지정학적 보물이며, 나아가 동북아 화해·협력, 번영과 평화를 함께 열 수 있는 유일한 공간이다.

Ⅲ. 소통과 협력의 평화공간: 두만강개발계획(UNDP) 과 동북아 평화

1. 소통과 협력의 공간, 두만강개발계획

오늘날 '만주'滿洲라고 하면 대부분의 사람들이 랴오닝성·지린성·헤이룽장성 등 중국 동북3성을 떠올릴 것이다. 또 '연해주'沿海洲는 해안지역을 뜻하는 '프리모르스키 크라이'(Primorskij Kraj)라는 러시아어를 번역한 것으로, "동해에 접한 러시아 영토"를 가리킨다. 이처럼 현재 만주와 연해주는 각기 중국과 러시아 영토로 나누어져 있기 때문에 흔히 양자를 아무 관계도 없는 전혀 별개의 지역으로 생각하는 경향이 강하다. 양자 사이에 산맥이나 강줄기가 가로놓여 있지만, 지도를 펴놓고 이 지역을 가만히 들여다보면 두 지역이 밀접히 연관된 인접 지역임을 쉽게 알 수 있다. 특히 동부 만주와 연해주는 기후나 식생 등 자연환경이 비슷할 뿐 아니라, 만주 중심부를 관통하는 쑹화강松花江은 만주 외곽을 감싸고도는 아무르강黑龍江과 합류한 다음 연해주를 거쳐 오호츠크해로 흘러든다. 한반도가 오랜 세월 하나의 역사공동체를 형성했던 것처럼 만주-연해주도 불과 150년 전만 하더라도 하나의 통합된 공간으로 존재했었다.

이처럼 만주-연해주는 격동의 유라시아 근현대사에서 두 개의 공간으로 분리된 채 분쟁과 갈등의 장으로 변모했지만, 최근에는 또 다른 움직임을 보이고 있다. 러시아를 포함한 동북아 각국의 무역·물류·관광의 중심지로 부상하고 있다. 만약 향후 동북아 각국의 교류가 더욱 활발해진다면, 만주와 연해주는 또다시 동북아 번영의 허

브로 발돋움하면서 통합된 공간으로 탈바꿈할 기회를 맞을 것이다. 유엔개발계획(UNDP)이 추진하는 「광역 두만강 개발계획」(GTI)은 이러한 추세를 가장 단적으로 보여준다.[4]

만주-연해주가 본디 하나의 통합된 공간이었고, 또한 여러 족속과 민족이 공존하던 소통과 융합의 역사공간이었다는 사실을 우리뿐 아니라 세계 각국까지 공감한다면, 중국이나 러시아도 더 이상 패권주의적 역사관에 입각해 이 지역의 역사를 독점하려 들지 못할 것이다. 이러한 점에서 만주-연해주에 대한 통합연구는 한국사의 지평을 확장할 뿐만 아니라, 동북아 공존의 출발점을 제공할 것으로 보인다. 나아가 장차 통일한국이 만주-연해주를 통해 유라시아 대륙과 활발하게 교류할 것이라는 점에서 이 지역에 대한 통합연구는 통일한국의 발전방향을 모색하는 데도 많은 시사점를 안겨줄 것으로 기대한다.

두만강개발계획 전개과정에 대한 선행연구들은 많다. 따라서 다음의 내용은 선행연구를 인용하여 소개하는 것으로 대신한다.[5]

"두만강유역개발사업(TRADP: Tumen River Area Development Programme)은 당초 UNDP(United Nations Development Programme)에 의하여 1991년 7월 동북아시아 지역의 최우선 사업으로 북한의 나진-선봉, 중국의 훈춘, 러시아의 포시에트를 잇는 두만강 하류 약 1,000㎢의 '소삼각지역'에 국제자유무역지대를 설치하려는 동북아의 최초의 협력 프로젝트이다. 이 TRADP 사업은 현실적 추진방안으로 5개국 간의 점진적 조화(Progressive Harmonization)

---

4) 여호규, "만주-연해주에 대한 통합연구: 동북아 공존의 출발점," http://www. nahf.or.kr/data/ Newsletterlist/1108/sub01.html, 동북아역사재단뉴스.

5) 백성호, "두만강유역 개발현황과 발전전망," 대한상공회의소, 『최근 두만강유역개발 현황 및 시사점 세미나 자료집』(2009.12.9).

방식에 의한 중국의 연변, 북한의 청진, 러시아의 블라디보스톡을 잇는 '대삼각지역'의 개발 합의로 5개국의 다자간 협력사업으로 그 제도적 기반을 마련하게 되었다. 그러나 2000년 10월 회의에서 두만강유역에 국한된 개발사업을 주요 국가 및 국제사회의 관심을 모으기 위하여 TRADP 사업의 시야를 동북아 국가 간의 협력사업으로 확대하는 것으로 방향을 선회하는 등의 과정을 거치게 되었다.

출처: 강원발전연구원 홈페이지 자료(http://www.gdri.re.kr/hb/ main/sub03_01_04)

〈그림 1〉 TRADP와 GTI의 지리적 위치

결과적으로 2005년 9월 회의부터는 GTI 체제 전환과 사업의 범위가 두만강 유역에서 중국의 동북3성 및 내몽골, 몽골의 동부지역, 러시아 연해주 등으로 확대하여 동북아지역 개발사업으로 변화되었다.

두만강유역개발사업(TRADP)의 성공을 위해서는, 이 지역 국가 간에 긴장유발의 가능성이 있는 요소들을 해소해야 한다. 특히, 북한의 핵문제로 인한 동북아 지역 국가들 간의 긴장을 최소화하려는 노력과 TRADP 사업을 "평화와 번영"이라는 브랜드로 창출해 나갈 필요가 있다. 그리고 관련 국가가 공동으로 접경지역에 동북아 평화센터를 건립하여, 이 지역의 평화와 번영을 선도한다는 이미지를 만들어 나가야 할 것이다.

특히 우리나라의 경우에는 UNDP 두만강 유역 개발사업에 오랫동안 참여해온 국가로서 TRADP 사업의 적극적인 참여와 북한 나선지역 개발사업을 함께 추진할 필요가 있다. 향후 두만강 유역의 연길·훈춘 개발 참여는 북한의 급변사태 또는 통일 이후 북한의 인력을 안정적으로 흡수할 수 있는 '완충지대'(Buffer Area)로 활용함과 동시에 남북한 간의 교류확대를 더욱 촉진하며, 새로운 성장동력을 창출하고, 우리나라의 대외경쟁력 확보로 동북아 지역의 선점에 큰 도움이 될 것이다.

동북아 지역은 '보이지 않는 힘'의 각축이 첨예한 지역이며, 지역 국가들 간의 경제적 협력이 증대되고 있지만 역사적 화해가 이루어지지 않아 여전히 냉전이 진행 중이다. 중국의 부상, 영토분쟁, 자원과 기술전쟁 등 경제적·군사적 경쟁 심화와 더불어 지진, 해일, 화산폭발, 황사, 원자력발전소 사고 등 환경재난에 대비한 협력의 가능성 또한 증대되고 있다. 따라서 동북아의 현실은 화해와 협력의 가능성 모색 기회가 전반적으로 증대되는 것이다.

한때 우리 정부는 동북아균형자론, 동북아경제중심, 동북아중심국가론 등 자신 있는 외교적 수사들을 사용한 바 있다. 그 논의의 현실성을 둘러싼 해석이 분분하였지만, 그럼에도 불구하고 여전히 이 용어들은 한반도의 지정학적 가치와 창조적 가치의 조화라는 측면에서, 또한 통일환경 조성을 위한 외교적 지혜 모색이라는 측면에서 활용해야 할 의미임에 분명하다.

한반도의 지정학적 의미는 급변하는 동북아 환경변화에 유연하게 대처하고, 나아가 한반도를 동북아의 협력과 평화의 공간으로 활용하는 창조적 가치로 승화되어야 한다. 이를 통해 중국의 신뢰, 북한의 정상국가화는 통일여건 조성, 통일비용 절감, 통일한국의 미래구축을 위한 노력이라는 중대한 의미를 지닌다.

나선지역의 중국 조차와 협력 증대, 압록강변 황금평 개발권 중국양도, 신의주 신대교 건설 등 북한과 중국 간의 경제협력이 한층 심도 있게 진행 중에 있다. 북·중 국경지역, 중국의 동북지역은 「동북공정」이라는 역사와 이해관계가 충돌하는 場場이기도 하다.

두만강협력개발사업의 가능성과 한계를 동북아의 환경변화와 관련하여 정리하면 다음과 같다. 지면의 제약상 상세한 논의보다 간단한 요약으로 대신한다. 먼저 동북아 협력의 가능성을 제공할 수 있는 환경적 요인은 다음과 같다. 첫째, 미국의 적극적 역할과 UN의 중대노력을 기대할 수 있다. 미국은 특히 경제위기와 일본의 환경재난 등으로 어느 때보다 동북아의 안정을 원하는 입장이다. 둘째, 중국 세력의 증대에 따른 미국·러시아·일본의 두려움이 동북아 협력체의 필요성을 상대적으로 증가시킨다. 셋째, 동북아의 안전을 위해 무엇보다 북한의 핵과 미사일, 경제재건과 빈곤문제 등 정상국가화를 위한 협력이 요청된다. 넷째, 원전사고, 지진, 해일, 화산폭발 등 환경재난에 공동운명체인 동북아의 협력 필요성이 현실적으로 요청되고 있다. 동북아 공동방재시스템 구축, 동북아 공동발전과 생존을 위한 공동 프로젝트 발굴은 미래지향적 시대의 과제이기도 하다. 마지막으로, 동북아 협력의 중심국인 중국으로서는 동북3성 개발의지, 특히 동해와 태평양 진출을 위한 기회의 활용이라는 면에서 두만강개발사업과 나선지역의 활용 보장이라는 프로젝트는 꼭 필요한 매력적인 사업임에 분명하다.

이상의 논의에도 불구하고 현실적 한계로는 다음과 같은 점을 생각할 수 있다. 첫째, 중국의 소극적 태도와 중화주의는 여전히 두만강개발계획 등 동북아협력의 장애요인이 된다. 둘째, 북·중 경제협력의 강화와 남북관계 긴장 역시 생각할 수 있는 현실적 한계이다. 셋째, 동북아에 남아있는 역사적 갈등과 민족주의 그리고 영토분쟁 등은 협력의 장애요인이다. 마지막으로, 두만강개발계획에 한국 참여의 한계 역시 해결해야 될 과제이다. 한국은 직접·간접적 참여를 통해 두만강개발의 협력 필요성을 제기하며, 적극적인 역할을 해야 한다. 이는 한·중·일 FTA의 전단계가 될 수 있음을 주지시킨다.

2. 한반도의 창조적 가치: 두만강과 동북아 평화

노무현 대통령은 2007년 4월 15일 영문저널 『글로벌 아시아』 (*Global Asia*) 특별기고를 통해 "동북아 국가들이 바야흐로 자국만의 이익, 소아小我의 울타리를 넘어서 공동 이해에 기초한 새 역사를 일구어 나가야 한다."라고 하면서 동북아 평화와 번영을 위해 한·중·일 자유무역협정(FTA) 등 경제적 협력과 동북아 다자안보협력체제 등 통합의 새로운 질서 구축이 필요하다고 제안하였다. 동북아 협력의 중요성이 간결하게 정리되어 있고, 또한 동북아가 함께 추구해야 할 가치와 방향을 잘 정리되어 있다.

"문명의 요소에는 경제력, 그 위에 과학기술력, 또 그 위에 공존의 지혜가 있다고 생각한다. 민주주의가 국내적 차원에서의 공존의 지혜라고 한다면 EU는 국제적 차원에서 최고 수준의 공존의 지혜라고 할 수 있다. 그런 점에서 평화와 협력을 통해 공존의 질서를 만들어가는 EU는 여전히 세계 문명의 중심에 있다고 생각한다.

그러나 동북아의 질서는 아직도 불안정하다. 민족주의와 영토분쟁 그리고 군비경쟁 등 과거의 망령들이 되살아날 수 있기 때문이다. 불행하고도 파괴적인 과거 역사가 재현되어서는 안 된다. 여기에 바로 협력과 통합의 제도화를 통해 동북아 공동체를 만들어야 하는 시대적 당위가 있는 것이다. 동북아가 아무리 경제적으로 발전하더라도 EU와 같은 평화공존체제를 구축하지 못하면 '문명의 중심'이 되기는 어려울 것이다. 어려움이 있더라도 우리는 비전을 갖고 이를 지향해야 한다. 동북아 국가들이 이제는 자국만의 이익, 소아小我의 울타리를 넘어서 공동 이해에 기초한 새 역사를 일구어 나가야 한다. 유럽이 이미 반세기 전에 공동의 미래를 위한 목표를 세우고 씨앗을 뿌렸듯이, 동북아 국가들도 협력과 통합의 새로운 질서를 구축하기 위해 갈등을 해소하고 미래의 불안요인을 극복해 나가는 동반자가 되어야 할 것이다.

역사는 완결된 구도를 가지고 꾸며가는 것이 아니라 많은 사람들이 '함께 가자'고 마음먹고 가는 데서 이루어지는 것이다. 어렵고 힘들지만, 많은 사람들이 신념을 가지고 가면 그것이 곧 길이 된다. 평화, 번영, 민주주의, 그리고 공동체를 향해 함께 나아가는 것, 그것이 바로 역사의 진보라고 생각한다."6)

　동북아에서 화해와 협력의 공간은 동북3성과 두만강 유역 그리고 북한의 함경도를 연계한 공동개발이 최적으로 보인다. 그 이유로는 두만강 유역은 북한을 포함하여 동북아 공공의 이익을 만들 공간을 확보할 수 있기 때문이다. 북한의 경제위기와 핵·미사일로 인한 국제적 고립, 김정은 체제의 불완전성 등 북한 위기와 관련하여 우리가 할 수 있는 역할은 지극히 제한적이다. 따라서 지금은 중국을 비롯한 러시아·미국·일본·몽골 등 국제적 지원 협력을 통해 우리에게 필요한 혹은 유리한 통일환경을 조성해 나가야 할 때이다. 이와 더불어 UN과 EU의 지원과 투자를 통한 동북아 경제협력으로 소통과 참여의 공간을 열고, 이를 통해 경제적 이익은 물론, 역사적 화해와 평화지대를 창출해 나가야 한다. 필자가 제안하는 창조적 가치란 동북아 경제공동체 형성의 여론 조성과 관련하여 우리의 외교적 지혜를 요청하는 의미, 즉 주체성과 적극성의 의미를 담고 있다.

　미래를 맞이하는 방법은 그냥 기다리는 법, 적극적으로 준비하고 맞이하는 방법이 있다. 갈등하는 동북아 환경에서 분단국인 우리는 모든 상황에 대비해야 하며, 가능하면 우리가 원하는 상황에서 미래를 맞이할 수 있을 때, 우리의 미래는 밝아지며 그 가치가 극대화될 것이다. 이것이 곧 우리가 준비하고 생산해야 할 한반도의 창조적 가치이다.

　<그림 2>는 한반도의 미래와 관련하여 필자가 중단기적으로 설정한 동북아 평화의 로드맵을 담고 있다. 이를 위한 조건들 역시 우리가 지향해야 할 외교의 방향과 목표이며, 궁극적으로 통일의 방향과

---

6) 『머니투데이』, 2007년 4월 15일자.

가치를 의미한다.

'찻잔 속의 태풍', '폭풍 전야의 고요'라고 표현할 수 있을까? 한 마디로 표현하기 쉽지 않지만, 무엇보다 한반도를 둘러싼 동북아의 국제정세는 요동치고 있다. 동북아 평화의 시작인 두만강개발은 무엇보다 우리의 주도적인 외교 노력을 통해 이루어질 수 있다. 중국과 미국을 움직일 수 있는 지혜, 러시아와 일본, 남북한 모두가 윈윈하고 상생할 수 있는 협력의 모티브를 제공해야 한다. 두만강개발계획에 참여하는 모든 국가들에게는 동북아 지역의 평화를 공동 관리하는 동북아 화해·협력 공간이 될 것이며, 중국에게는 낙후된 동북3성의 발전과 동해로의 진출, 러시아에게는 극동의 동북시베리아 발전 기회, 미국에게는 동북아의 평화후원자로서의 역할과 경제적 군사적 부담이 감소될 것이다.

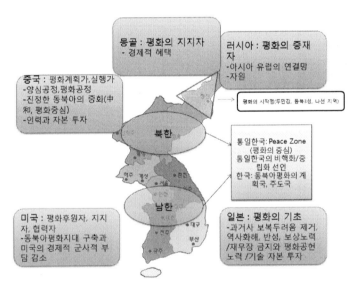

〈그림 2〉 두만강과 동북아 평화의 로드맵

요컨대 두만강은 지정학적으로 북한의 생명줄이며, 한민족의 미래를 여는 보고이다. 동북아의 화해·협력 공간이며, 중국에게는 동해로 나아가는 중차대한 관문이다. 두만강은 북한을 중심으로 중국과 러시아 3국이 국경을 접하는 지리적 접경공안이며, 무엇보다 동북아 경제협력지대(가칭) 설립의 최선의 공간으로 유엔개발계획이 이미 주목한 바 있다.

두만강은 북한이 정상국가로 갈수 있는 생명의 강이요, 이성의 강이 되어야 한다. 나아가 한민족의 혼이 깨어나는 혼의 강이 될 수 있다. 중국에게는 자국 중심의 중화민족주의가 깨어나 동해와 세계로 나아가는 더불어 강이요, 러시아 민족주의가 철드는 기회와 시베리아 번영의 강이 될 수 있다. 일본에게는 제국주의 잘못을 인정하고 참회하는 기회의 강, 마침내 동북아 평화를 시작하는 화해의 강이 두만강에서 시작될 수 있다. 그러므로 두만강에 평화가 흐를 때, 고립무원의 북한에 자유와 번영, 인권과 이성이 넘치는 새로운 세상이 열릴 것이다.

Ⅳ. 결론 및 후속연구를 위한 제언

필자는 '동북아 협력과 평화 논의의 중심이 왜 한반도인가?', '왜 두만강인가?'에 대하여 평화라는 가치 중심으로 정치적인 관점에서 주로 논의를 전개하였다. 동북아의 협력과 소통을 통해 이 지역에 상존하는 위험을 공동 관리하는 공간을 창출하는 지혜모색에 우리가 적극적이어야 하는 이유를 설명하였다. EU는 세계적 경제위기 속에 여전히 어려움을 겪고 있지만, 평화관리라는 점에서 동북아에게 좋은 모델이 될 수 있는 성공적 사례임이 분명하다. 지금까지 논의한 두만강 개발 프로젝트의 성공은 단기적으로는 우리에게 경제적 이익과 더불어 중국과 북한, 일본의 재무장 위협을 약화시키는 협력과 평화 시스템을 구축하는 효과가 있다. 아울러 북한에게는 대對중국 의존도 심화, 대중국 종속의 위험에서 벗어나고 발전하는 계기가 될 것이다. 미·중 간의 갈등완충지대, 남북한 발전과 협력의 공간, 나아가 한민족의 미래를 준비하는 공간의 의미가 또한 두만강에서 마련될 수 있다.

결국 이와 같은 노력은 통일과정과 통일한국의 미래를 위해 절실하다. 현실적으로 남북관계 정상화라는 바탕 위에 진행되는 것이 바람직하겠지만, 남북관계의 비정상적 상황과 돌발 상황에 대비함은 통일비용 절감은 물론, 통일 기회의 확보 차원에서 중요하다. 동북아의 환경변화와 관련하여 북한을 통해 동북아 공동의 이익을 만들 공간을 확보해 나가야 하며, 또한 중국을 비롯한 러시아·미국·일본 등 국제적 지원 협력을 통해 통일환경을 조성해 나가야 할 때가 바로 지금이다.

평화는 여전히 이 시대 한반도는 물론, 국제정치의 영역에서 최대의 화두가 되어있다. 9·11테러와 이라크전쟁, 일본의 보수화와 헌법개정, 재무장 움직임, 중국위협론의 대두, 북한 핵과 미사일 문제, 이란 문제 등 세계는 더욱 더 평화를 간절히 원하는 상황에 놓여있다. 인간이 사용하는 어휘들 중 '평화'라는 말보다 의식 수준이 높은 말을 발견하기란 쉽지 않다. 전쟁, 테러, 폭력, 괴질(SARS), 파업, 자살 등 인간 사회에 만연하는 어두운 면을 표현하는 용어들, 이 언어들을 정화할 수 있는 용어가 '평화'일지 모른다. 우리 인간은 평화로운 세상에서 자유와 행복을 누리며 살아가기를 소망한다. 그럼에도 불구하고 평화로운 세상은 유토피아처럼 때로는 아득히 먼 곳으로 여겨진다. 우리의 숨쉬기가 그런 것처럼 이 세상에 평화만큼 쉬운 것도 없고 평화만큼 간절한 것도 없다.

한민족은 분단과정, 분단의 성격 그리고 지정학적 이유 등으로 인해 분단극복과 통일과정에 있어 주변국의 직접·간접적 참여가 불가피하다. 그럼에도 불구하고 한민족 통일이라는 과업과 우리의 지정학적인 위치는 동북아 국가들의 역사적 화해를 이끌 수 있는 중요성을 갖고 있다. 따라서 통일한국은 동북아 평화지대, 동북아 평화공원의 역할을 할 수 있는 여지가 충분하며, 우리는 이 점을 분명히 인식하고 향후 민족사 발전에 활용해야 한다.

지구상의 마지막 분단국가 한반도의 분단극복과 통일은 동북아, 동아시아를 넘어 세계평화로 가는 인류의 이념적 화해, 동북아 지역 간의 화해, 미·일·중·러 등 강대국들의 역사적 화해와 20세기적 경쟁의 청산 그리고 새로운 세계평화시대를 여는 진정한 출발점이라는 세계사적 이정표가 될 것이다. 이를 위해 우리는 우리가 처한 현실 속에서 한민족의 미래를 열어가는 지혜 모색에 최선을 다해야 한다. 요컨대 두만강개발계획과 동북아 평화 지대를 모색하는 일은 결국 그 시작은 우리의 마음에서 비롯되며, 마침내 행동으로 완수해야 하는 이 시대를 사는 우리 모두의 사명이라 할 것이다.

두만강은 우리에게는 대륙으로 가는 관문이며, 언제가 다가올 통일한국을 여는 지혜와 창조의 강이 될 것이다. 두만강에 평화가 흐를 때, 동북아 평화의 중심에 한반도가 우뚝선 미래를 창조할 수 있다. 따라서 두만강의 의미와 가치를 자각하고, 이를 통일한국을 준비하는 주도적인 기회로 모색할 때가 바로 지금이다. 천혜의 공간 두만강을 통해 다가올 미래를 민족번영을 위한 절호의 기회가 열릴 수 있음에 주목하자. 두만강에 화해·협력 그리고 평화가 흐를 때, 진정 한민족의 통일은 대박이 될 것이다.

본 연구를 진행하면서 필자가 느낀 후속연구자를 위한 제언을 간략히 정리하면 두만강과 접한 중국의 동북3성 개발계획, 일명 창지투프로젝트에 대한 연구, 러시아의 동시베리아 개발계획과 관련된 연구 등이 보다 구체적으로 진행되어야 한다. 나아가 이들 연구자들이 공동연구를 통해 두만강을 통한 한민족의 미래를 준비하는 심도 있는 협업이 절실히 요청된다.

참고문헌

김경일(2007), 제3회 한겨레-부산 국제 심포지엄 자료집 토론문.

김창환(2013), "한반도 위기와 통일개념 재정립의 필요성," 코리아연구원 제41호.

리온 시걸(2008), "한국을 위한 협력: 평화 프로세스와 비핵화," 북한대학원대학교 국제학술회의.

림금숙(2012), "창지투선도구와 북한나선특별시간 경제협력," 한중수교20주년 기념 국제학술대회 자료집.

류장용(2007), "동북아 평화체제의 구축," 제3회 한겨레-부산 국제 심포지엄 자료집.

배기찬(2005), 코리아 다시 생존의 기로에 서다, 서울: 위즈덤하우스.

백성호(2009), "두만강유역 개발현황과 발전전망," 대한상공회의소.

이헌근(2007), "종전선언, 평화체제 그리고 남북관계변화," 경북대학교 평화문제연구소 제32회 학술세미나발표논문.

이헌근(2006), 『평화를 통한 국가이미지 제고와 통일과정에서의 활용방안』, 서울: 통일연구원.

이헌근(2004), "한반도 평화체제의 의미와 구축 전망: 동북아평화체제와 관련하여," 한국동북아학회발표논문.

이헌근(2001), 『통일, 민족주의 그리고 제3의 길』, 부산: 신지서원, 2001.

이헌근(2008a, "한반도 평화 논의와 이명박정부의 외교안보정책," 「국제문제연구」, 제8권 2호.

이헌근(2008b), "이명박 정부의 대북정책: 비판적 검토와 제언," 「북한학보」, 33집 1호.

임혁백(2007), "한반도의 지정학적 재발견과 동아시아 중추국가 전략," 국토정책 제147호.

우수근(2008), 한중일 외교삼국지: 중국과 일본의 외교전략과 한반도, 서울: 삼성경제연구소.

정정숙(2006), "동북아문화공동체의 의의와 전망: 문화공동체 시각에서 본 동북아시대 구상," 제4차 동북아구상 심화-확산을 위한 전문가 세미나 자료집.

조명철(2009), "최근 두만강지역 개발 동향과 정책 시사점," 대외경제정책연구원.

조명철 김지연(2010), GTI의 추진 동향과 국제협력 방안, 대외경제정책연구원.

최명해 외(2012), "중국의 두만강 이니셔티브'와 정책적 시사점," SERI 이슈페이퍼.

조한범 외(2003), 동북아평화문화비교연구, 서울: 통일연구원.

조성렬(2013), "새 정부의 대북정책 과제와 추진전략," 21세기통일경제연구원, 「한반도 신뢰프로세스 구상과 남북경협」.

존 페퍼, "동아시아 평화체제: 불가능성과 불가치성," 제3회 한겨레-부산국제 심포지엄 발표논문, 2007.

참여연대 국제연대위원회 엮음, 임정근·조효제 감수, 『세계분쟁과 평화운동』, 서울: 아르케, 2004.

클레이튼 크리스텐슨 외 지음, 미래기업의 조건, 서울: 비즈니스북스, 2005.

톰 피터스 지음, 정성묵 옮김, 미래를 경영하라, 서울: 21세기북스, 2005.

피터 슈워츠 지음, 박슬라 옮김, 미래를 읽는 기술, 서울: 비즈니스북스, 2005.

피터 슈워츠 지음, 우태정·이주명 옮김, 이미 시작된 20년 후, 서울: 필맥, 2004.

하마다 가즈유키 지음, 김창남 옮김, 미래 비즈니스를 읽는다, 서울: 비즈니스북스, 2005.

하영선 편, 21세기 평화학, 서울: 풀빛, 2002.

한국무역협회 무역연구소, "주요국의 국가이미지 제고전략과 시사점, 2002.

쟈크 아탈리(2007), 미래의 물결, 서울: 위즈덤하우스.

존 페퍼(2007), "동아시아 평화체제: 불가능성과 불가치성," 제3회 한겨레-부산국제심포지엄 발표논문.

여호규, 만주-연해주에 대한 통합연구, 동북아 공존의 출발점, http://www.nahf.or.kr/data/Newsletterlist/1108/sub01.html 동북아역사재단뉴스

Anholt, Simon, 『Competitive Identity: The New Brand Management for Nations, Cities and Regions』, New York: Palgrave Macmillan, 2007.

Galtung, Johan, "Social Cosmology and the Concept of Peace," Journal of Peace Research, No.2, 1981.

Gobe, Marc, Gob, Marc, Serqio Zyman, Emotional Branding: The New Paradigm for Connecting Brands to People, London: Allworth Press, 2001.

Wheeler, Alina, Designing Brand Identity: A Complete Guide to Creating Building, and Maintaining Strong Brands, New York: Wiley, 2006.

Part 2

한반도 평화전략과 신뢰외교

I. 서론

박근혜 정부에 들어와서 통일준비, 통일대박론, 통일시대준비위원회, 통일외교, 통일공공외교 등 통일논의가 이전 정부들보다 훨씬 활발하다. 북한 김정은 체제의 불확실성 등으로 인해 통일준비에 최선을 다하는 것은 분단 시대를 사는 우리 모두에게 숙명적 과제라 할 것이다. 통일은 환상이 아니며, 어느 날 문득 도둑고양이처럼 우리에게 다가올 수 있기 때문이다.

한반도 평화와 통일은 우리에게는 현실적 고민인 동시에 미래를 향한 희망이기도 하다. 그렇다면 우리는 무엇으로 이를 현실화시킬 것인가? 열강에 둘러싸인 분단국인 우리나라로서는 국제정세를 읽는 지혜, 균형감각과 신뢰를 통한 외교의 기술이 무엇보다 요청된다. 본 연구는 이러한 기본 인식에서 출발하며, 박근혜 정부가 지향해야 할 한반도 평화전략과 신뢰외교에 대한 비판적 논의를 전개하고자 한다.

21세기 중국의 부상은 이미 기정사실로 받아들여지고 있다. 특히 2008년 미국 발 금융위기 이후 미국과 중국의 국력격차가 상대적으로 축소되면서, 미중관계는 '차이메리카', 'G2 시대'라는 신조어가

보여주듯 국제질서를 주도하는 양대 강국으로 인정받고 있다. 향후 두 강대국의 관계가 협력적 관계를 유지할지, 아니면 갈등과 충돌 국면으로 발전할지 여부는 21세기 동아시아 지역질서 변동과 한반도의 운명을 결정짓는 가장 중요한 변수라 할 수 있다.

이와 같은 상황 속에서 한국 외교는 무엇보다 북중관계의 딜레마를 전략적으로 활용해야 할 것이다. 북한은 중국에게는 포기할 수 없는 전통적 동맹국임에 분명하다. 하지만 중국의 대對한반도 인식에 변화가 중국 내에서 나타나고 있으며, 우리는 역시 이 변화를 유도해 나가야 한다. 북한의 포기와 통일된 안정적인 한반도가 중국에 더 큰 이익을 줄 수 있고, 동북아 안전장치가 통일한국에 마련된다면 중국의 선택에 전환점을 가져올 수 있다.

동북아의 다각적 갈등 속에서 분단국가인 우리는 전후 유럽의 갈등을 화해와 협력으로 전환한 유럽연합의 경험과 지혜를 타산지석으로 삼을 필요가 있다. 특히 신뢰외교를 통해 유럽의 화합과 분단을 극복한 독일의 사례는 이 시대 우리가 반면교사로 삼을 필요가 있다고 할 수 있다.

더불어 21세기는 세계화와 정보화로 인해 지리적 거리와 문화적 차이를 극복할 수 있도록 상호의존성과 접근성을 높여가고 있다. 또한 세계적 위기와 지역 간 상호공존과 협력의 필요성 증대는 국가안보에서 '인류안보'로의 패러다임 전환을 요구하고 있다고 할 것이다. 한반도는 지정학적으로 동북아 평화협력의 중심지역이며, 또한 한반도의 평화는 곧 동북아 평화로 귀결될 수 있는 운명임을 누구도 부인하기는 쉽지 않다.

또한 거대국가 중국의 성장은 필연적으로 세계적 혹은 지역적으로 새로운 갈등요인이 될 수 있을 것이며, 한편으로는 평화에의 기대감을 높이는 계기가 될 수 있을 것이다. 특히 '동북아 지역을 비롯한 세계는 중국을 어떻게 안정화시킬 것인가?'라는 새로운 과제에 직면하게 될 것이다. 이는 과거 독일의 안정화를 통한 유럽의 평화와 번영을 추구했던 유럽연합의 경험과 흡사한 모티브를 제공할 것이다. 중국의 민주화와 경제대국화, 그리고 이웃 국가들과의 관계는 좁은 의미로는 동북아 지역의 협력과 평화공동체 구성, 나아가 아시아 전역 및 세계적 관심사가 될 수 있다.

박근혜 정부는 평화를 확실히 지키는 동시에, 평화를 적극적으로 만들어가기 위한 대외정책의 기조로 신뢰외교(trustpolitik)를 제시하였고, 이를 통해 한반도와 동북아에서의 지속 가능한 평화와 협력을 구축하려는 것이 바로 한반도 신뢰 프로세스와 동북아 평화협력구상임을 밝히고 있다.[1]

유동적인 국제정세와 고조되는 동북아 갈등 속에서 한반도 평화와 분단 극복을 위한 기회는 시대의 흐름을 읽는 통찰력과 전략적 사고를 통하여 얻을 수 있다. 따라서 박근혜 정부가 강조하는 '통일 대박론', 즉 통일의 가치와 신뢰외교는 강대국에 둘러싸인 그리고 분단된 대한민국의 미래를 여는 중요한 의미를 갖는다. 본 연구는 '각축하는 동북아 속에서 우리는 무엇으로 한민족의 생존과 미래를 담보할 것인가?'라는 기본 인식에서 한반도의 지정학적 가치와 평화전략에 관련된 논의를 시작한다. 한민족 생존과 미래전략의 도구인 신뢰외교는 한반도의 평화의 중요성, 나아가 동북아 평화협력과의 상호 연계성을 논의에 의하여 효력을 발휘할 수 있다.

결국 본 연구에서 필자는 박근혜 정부의 한반도 평화전략, 그리고

---

1) 윤병세, 2013년 4월 29일자 외교부 보도자료.

그 전략을 수행하는 도구로서 '신뢰외교'의 중요성을 논의할 것이다. 분단국가인 우리는 평화의 브랜드화 전략을 통해 한반도와 동북아 갈등 속에 내재되어 있는 위험을 관리하는 균형외교가 신뢰외교의 주요 콘텐츠가 될 것임을 강조할 것이다. 또한 이를 통해 통일의 장애요인들이 감소 혹은 장기적으로는 제거될 것이며, 나아가 통일한 국의 위상과 동북아 평화를 위한 박근혜 정부의 역할을 모색하는 논의로 귀결될 것이다.

II. 동북아 외교지형과 한반도의 지정학적 가치 인식

1. 힘의 각축장 동북아

동북아 갈등구조의 다원화가 점점 더 깊어지는 형국이다. 학자들에 의하면 그 원인은 다양하게 논의되지만 냉전 잔재 존속, 민족주의 확대, 한·중·일·러의 영토갈등과 한·중·일의 역사갈등 그리고 중국의 '공세적 부상'과 미국의 아태(亞太) 지역의 전략적 재균형(strategic rebalancing) 정책 그리고 북한 문제 미해결이다.

무엇보다 한반도가 속해 있는 동북아 지역은 여전히 가장 강한 세력들이 충돌하는 곳으로 남아있다. 동북아는 일본의 우익정권과 재무장 움직임, 중국의 민족주의(중화주의), 러시아 민족주의의 부활과 미국의 영향력이 여전히 마주치고 있으며, 더욱 갈등이 첨예화될 개연성이 높다. '왜 평화여야만 하는가?' 그런 까닭에 이곳에서 평화의 기운이 일어나면 세계로 퍼져 나갈 효과는 지대하며, 이는 곧 인류의 희망을 만드는 계기가 될 수 있다. 아시아의 평화는 한반도의 평화와 통일의 기운으로 시작되어야 함을 알릴 수 있음은 곧 우리의 희망이기도 하다.

중국은 균형외교 차원에서 한중관계의 내실화에도 노력할 것으로 예상된다. 최근 동북아 안보지형에서 일본의 우경화와 한일 간 갈등의 고조로 인하여 한국과 전략적 협력의 필요성을 절감하고 있다.

대외적으로 중국의 국제적 지위가 커지면서 일본 등 주변국들과 갈등이 심화되고 있으며, 미국의 아시아 중시정책으로 인한 중국 견제도 우리에게 적지 않은 부담이 된다. 중국의 새 지도부는 누구보다 이러한 대내적 과제를 잘 인식하고 있다. 따라서 시진핑 주석은 이후 부패척결 등 국내 문제 해결을 우선할 것이며, 외교에서는 새로운 시도를 하기보다 당분간 기존 노선을 유지해 나갈 것으로 보인다.

특히 미국과의 안정적 관계유지는 시진핑 체제가 당면한 대외적 과제가 될 것이다. 중국의 부상 속에서 세계의 중심축이 아시아로 이동하면서 미국은 아시아로의 회귀를 선언하고 중국에 대한 견제를 강화하고 있다. 향후 오바마와 시진핑이 이끌어갈 미국과 중국 사이에서 한국은 고도의 전략적 사고와 판단력이 요구된다. 우리의 외교국방정책의 근간은 한미동맹이며, 한미동맹의 유지와 한중관계 발전은 서로 모순이 되는 것이 아니다. 또한 북한과 중국 관계도 형식적으로는 동맹을 유지하지만, 점차 정상국가 관계로 발전하고 있다. 이러한 시점에서 우리의 외교적 노력에 따라 한국과 중국 간의 전략적 협력 공간이 점차 확대될 수 있을 것이다. 그리고 이를 통해 중국 내 온건파들의 영향력이 확대되어 북한의 비핵화와 군사적 도발 방지를 위한 중국의 건설적 역할을 기대할 수 있다.[2]

---

2) 유동원, "중국 양회의 내용 분석과 정책 전망,"『안보현안분석』, Vol.81, 2013.3.

이처럼 평화는 여전히 이 시대 한반도는 물론, 국제정치의 영역에서 최대의 화두가 되고 있다. 일본의 보수화와 헌법 개정, 재무장 움직임, 중국 위협론의 대두, 북한의 핵과 미사일 문제, 이란 문제, 수니파 이슬람 극단주의 무장단체 IS(Islamic State) 문제 등 세계는 더욱 더 평화를 간절히 원하는 상황에 놓여있다.

이와 관련하여 '평화 거버넌스(governance)'는 21세기 시대상이 축약된 최적의 담론을 담고 있다. 거버넌스가 하나의 틀(frame)이라면, 평화는 그 틀을 채우고 있는 콘텐츠라 할 수 있다. 중요한 점은 '어떤 형태의 거버넌스여야 하며, 어떤 유형의 평화여야 하는가?'의 질문이다. 아울러 그 평화의 거버넌스가 동북아의 다른 지역이 아니라 한반도를 매개로 나타나야 한다는 점이 더욱 중요하다. 왜 한반도이며, 그것이 중요한가? 동북아 지역 국제정치사의 역사적 흐름에서 한반도는 역내 갈등구조의 직접적 피해자였다. 동북아 근대성이 내재하고 있는 갈등의 유산들이 가장 처연한 형태로 한반도에 남겨져 있기 때문이기도 하다. 따라서 21세기 동북아 평화와 협력질서의 구축은 한반도에서 시작되어야 하는 필연성을 지닌다. 그 필연성은 갈등과 반목의 지역 국제정치의 역사적 유산 정리라는 차원에서뿐만 아니라 동북아 지역의 지정학적 조건에서 비롯되는 필연성이다. 이제 한반도는 긴장과 대립의 현장이 아니라 평화와 지역협력 창출의 리트머스 시험지로 기능해야 한다. 그것이 한반도 평화 거버넌스의 담론이 제기되고 심도 있게 논의되어야 할 중요한 이유이기도 하다.[3)]

---

3) 김기정, "한반도 평화의 거버넌스," 하영선 편, 『21세기 평화학』, 서울: 풀빛, 2002, pp.459-460.

2. 한반도의 지정학적 가치와 외교지형 인식

미국과 중국 간의 보이지 않는 힘의 대결장, 미일동맹의 강화와 일본의 집단자위권 강화노력, 중국과 러시아 간의 밀월외교, 중국과 일본 간의 영토와 민족주의 대결, 핵과 미사일을 통한 북한의 정권유지전략 등 동북아 외교안보환경이 급변함에 따라 우리 정부의 외교적 수단과 역량 모두 절실한 변화가 요구된다. 따라서 본 논문은 급변하고 있는 동북아의 안보지형 속에서 한반도의 지정학적 가치를 냉철하게 인식하고, 나아가 신뢰외교라는 방법을 통해 평화와 통일이라는 국가목표를 확보해 나가기 위한 구상의 일환이다. 요컨대 한반도 평화를 목표로 삼는 전략을 통해 동북아 지역에서 평화의 가치를 선점하고, 외교적 기회를 선점하는 유연한 외교전략의 확대는 단기적으로는 한반도의 평화 관리, 중장기적으로는 통일 준비와 한민족 미래 준비를 위해 중요한 단초를 제공할 것이다. 또한 평화전략은 동북아 평화협력의 기회 선점과 더불어 한반도 평화관리, 평화국가 이미지 메이킹, 코리아 프리미엄 강화 등과 같은 효과를 낳을 수 있다.

역내 국가들은 미국과 중국 간 협조체제의 균열 또는 대립의 심화라는 구조적 변화의 틈새를 전략적으로 활용하는 모습을 보여주고 있다. 일본의 아베 정권은 미국의 재균형정책 및 동맹국의 방위분담 요구에 편승하며 집단자위권을 행사할 수 있는 보통국가로의 헌법개정을 추진하고 있다. 3차 핵실험 및 장성택 숙청으로 심화되고 있는 북한과 중국 간의 갈등을 활용하여 납치자 문제를 경유, 북한과의 접촉을 시도하기도 했다. 한국 및 중국에 대한 견제 레버리지를 확보하고 싶다는 의도가 간접적으로 드러난 행보였다. 최근 러시아도 북한과의 관계개선으로 한반도에 대한 영향력 확대를 기하고 있다.

이상에서 살펴본 바와 같이 동북아 질서 및 안보환경의 급격한 변동은 역내에서 국제관계의 가변성을 증대시키고 있다. 갈등적이며 경쟁적인 다양한 이해관계가 교차하는 십자로에 위치한 한국으로서는 불확실성의 바다를 항해하면서도 안전을 확보하며 동시에 발전을 지속시켜 나가야 하는 역사적인 도전의 시대를 맞이하게 된 것이다.4)

결국 '중국을 어떻게 움직일 것인가?', '러시아를 어떻게 활용할 것인가?'라는 문제는 우리 외교의 영원한 숙제이다. 이를 위한 선행조건은 미국이다. 미국과 중국 간의 관계개선, 그 매개자 혹은 소통자가 한국이 되어야 한다. 그래야만 동북아의 갈등상황 속에서 한국의 국익을 지켜낼 수 있다. 이는 박근혜 정부의 외교 목적이고 전략이 되어야 한다. 미국을 통해 북한을, 중국과 미국의 관계개선 중재와 한중관계 유연화, 북한의 정상국가화, 일본의 반성과 정상국가화 유도가 가능하다. 미국 역시 중국과 더불어 군사비의 축소를 통해 경제위기와 경제부흥의 기틀을 마련하고, 국제관계에서도 평화적 헤게모니 유지라는 '두 마리 토끼'를 잡을 수 있다.

흔히 위기는 곧 기회가 되기도 한다. 위기를 안정적으로 관리하여 기회로 전환시키는 것은 이 시대를 사는 우리의 지혜에 의해 가능하다. 이런 점에서 한민족이 분단을 극복하고 통일과 번영을 이루기 위해서는 평화에의 강조가 최고의 전략이 될 수 있다. 평화에 대한 다각적인 강조를 통해서 남북한은 물론, 국제적 공감대를 형성할 때 한민족은 비로소 통일의 소망을 이룰 수 있고, 나아가 자랑스러운

---

4) 김진하, "중국의 부상과 동북아 국제질서 변화: 분석과 전망," 통일연구원, *Online Series*, CO 14-19, 2014.12.24.

평화국가로 설 수 있다. 따라서 평화에 대한 강조는 아무리 지나쳐도 국익에 손해가 될 수 없음은 자명하다. 평화의 무기화, 평화의 전략화는 치밀한 정책수립과 지혜로운 정책집행에 의해 가능하다. 마침내 한반도가 열린 소통의 공간이 되는 것이 곧 통일, 동북아 평화의 순간이 될 것이다.

유동적인 국제정세와 고조되는 동북아 갈등 속에서 한반도 평화와 분단 극복을 위한 기회는 시대의 흐름을 읽는 통찰력과 전략적 사고를 통해 얻을 수 있다. 따라서 박근혜 정부가 강조하는 '평화'의 가치와 신뢰외교는 강대국에 둘러싸인 그리고 분단된 대한민국의 미래를 여는 중요한 의미를 갖는다. 본 연구는 '각축하는 동북아 속에서 우리는 무엇으로 한민족의 생존과 미래를 담보할 것인가?'라는 기본 인식에서 한반도의 지정학적 가치와 평화전략, 신뢰외교와 한반도 평화, 나아가 동북아 평화협력이라는 이들의 상호 연계성을 논의해 나갈 것이다.

한반도 평화, 동북아 평화구상은 분리될 수 없으며, 따라서 우리가 추구해 나갈 신뢰할 만하고 지속적인 평화체제란 정당성의 창출에 좌우된다. 평화가 오래 지속되려면 평화의 조건을 모두가 받아들일 수 있어야 한다. 그 조건을 한민족의 통일과정에서 만들어야 하며, 이를 위한 다양한 정책 수행을 박근혜 정부는 주도적으로 그리고 지혜롭게 시도해야 한다. 무엇보다 한반도의 평화와 통일은 동북아, 아시아를 넘어 세계 평화를 위한 주춧돌이 될 수 있음을 신뢰외교와 균형외교 등 국내외 다양한 수단을 통해 계속적으로 설득해 나갈 때, 분단의 극복과 통일환경 조성, 나아가 한민족의 평화시스템이 구축될 수 있다.

결국 본 연구에서 필자는 박근혜 정부의 한반도 평화전략, 그리고 그 전략을 수행하는 도구로서 '신뢰외교'의 중요성을 논의할 것이다. 평화의 브랜드화 전략을 통해 한반도와 동북아 갈등 속에 내재되어 있는 위험을 관리하는 균형외교가 신뢰외교의 주요 콘텐츠가 될 것임을 강조할 것이다. 또한 이를 통해 통일의 장애요인들이 감소 혹은 장기적으로는 제거될 것이며, 나아가 통일한국의 위상과 동북아 평화를 위한 박근혜 정부의 역할을 모색하는 논의로 결론에 도달하게 될 것이다.

이러한 변화의 환경 속에서 기업은 물론, 국가 역시 미래를 위한 구체적인 생존전략 수립이 불가피하다. 이와 관련하여 본 연구에서 필자는 '왜 평화인가?' 그리고 '어떻게 평화를 전략화하고 네트워크화해야 하는가?'라는 물음을 통해 미래지향적인 박근혜 정부의 평화전략과 외교적 역할을 모색해야 한다. 박근혜 정부가 강조하는 '평화'의 가치와 평화의 전략화, 그리고 신뢰외교의 내용과 목표에 대한 논의를 구체화해야 한다. 한국은 이웃 나라에 위협적인가? 무엇보다 분단이라는 한국의 특수성이 우리의 외교 자산이 될 수 있다. 한국의 분단 극복과 통일이 세계평화에 기여할 수 있고, 또한 동북아 평화지대가 될 수 있는 통일한국의 지정학적 가치를 강조해야 한다. 이렇듯 한국의 외교는 틈만 나면 평화를 외치고 강조해야 한다. 결국 신뢰외교의 핵심가치는 평화이며, 그 추진 수단과 방향은 신뢰외교를 통한 균형외교이며, 궁극적 목표는 한반도 평화와 동북아 평화협력구상으로 연결될 것이다.

Ⅲ. 박근혜 정부의 평화전략과 신뢰외교

1. 한반도 신뢰 프로세스와 통일외교와의 상충성

박근혜 정부의 대북정책인 '한반도 신뢰 프로세스'는 수십 년 간 반복된 한국과 북한 간의 그리고 북한과 국제사회 간의 약속-파기라는 악순환의 고리를 끊어야 한다는 문제의식에서 출발하고 있다. 수많은 약속과 국제합의에도 불구하고 한반도에 평화가 정착되지 못한 데에는 결국 남북한 간에 최소한의 신뢰마저 형성되지 못했기 때문인 것으로 판단된다. '전략적 신뢰'를 활용한 정책을 개발하고 한 동시에 궁극적인 목표로서 신뢰 형성을 설정함으로써, 탈냉전기 이후 20년간 진행된 북핵문제의 해결을 포함한 남북관계의 발전을 도모하겠다는 정책지향을 가지고 있다.[5]

신뢰프로세스는 한반도 평화를 위한 남북관계 개선 노력은 물론, 국제공조 노력 역시 중시하는 관계로 한반도-동북아 및 한반도-글로벌 차원에서 상호 추동하는 선순환 평화정착 노력을 강조하고 있다.

박근혜 정부가 바라보고 있는 동북아의 현실, 그리고 한반도 신뢰 프로세스에 대한 설명의 요점은 다음과 같다.

진정한 '아시아의 새 시대'를 열어가기 위해서는 우리는 이 지역이 당면한 세 가지 안보상의 도전과제를 극복해내야 한다. 첫째, 한반도를 넘어 전세계 평화를 위협하는 북한의 핵문제이며, 둘째, 역내 국가 간 역사인식의 차이와 일부 영토문제로 인한 긴장악화이고, 셋째, 미국이 추구하는 '아시아 재균형' 정책과 중국의 '신형대국관

---

5) 박인휘, "한반도 신뢰프로세스의 이론적 접근 및 국제화 방안," 『통일정책연구』, 제22권 1호, 2013, p.27.

계'의 조화이다. 이러한 안보적 과제를 잘 조율하고 서로의 힘을 모을 때, 아시아 국가들은 국제 정치·경제의 신질서 수립과정에서 새로운 물결을 가르며 성장해 나갈 줄 믿는다.

「한반도 신뢰 프로세스」는 말 그대로 과정(process)을 의미하는 만큼, 남북한 간의 일시적 상황전개에 흔들리지 않고 현 정부 5년 임기 내내 지속적으로 가동할 것이다. 이를 통해 박근혜 정부는 북한 핵문제를 반드시 해결하고, 남과 북 모두가 잘 사는 행복한 통일, 국제사회가 지지하는 통일, 동북아 안정과 세계 평화에 기여하는 통일시대를 열어갈 것이다.

한반도 비핵화와 평화통일은 동북아의 안정과 밀접한 관계를 맺고 있으며, 역내 국가들의 긴밀한 협력과 공조가 뒷받침될 때, 더 큰 힘을 발휘할 수 있다. 현재 아시아 국가들의 경제적 역량과 상호 의존성은 증대되고 있으나, 역사인식의 갈등을 포함한 정치·안보적 협력은 상대적으로 역행하는 이른바, '아시아 패러독스' (Asia Paradox) 현상이 심화되고 있다. 아시아 국가들의 상생과 발전을 저해하는 양면성을 극복하고, '새로운 협력의 장'으로 나아가기 위해서는, 역내 국가들이 올바른 역사인식과 신뢰를 바탕으로 긴밀한 대화와 협력을 시작해야 한다.

동북아 국가들이 공동의 과제에 대응하며 문제를 해결하다보면, 평화 달성과 공동체 구성이라는 목표를 성취하게 될 것이다. 이는 유엔의 '지속가능한 개발목표'(SDG)의 추진, 녹색성장, 녹색개발, 후진지역의 개발지원을 위한 기폭제가 될 것이다. 현재는 연성 및 경성 안보 현안들에 대한 공동대응의 메커니즘이 없지만, 우리는 이것이 앞으로 꼭 필요하고, 또한 이루어질 수 있다고 믿는다. 박근혜 대통령은 이를 '서울 프로세스'라고 이름 짓고, 추진 중이다. '서울 프로세스'는 우선적으로 동북아 국가들, 즉 미국·중국·일본·러시아와 남·북한을 중심으로 시작될 것이다. 이는 기존에 발전되고 있는 한·중·일 정상 차원의 삼각협력체제와도 병행 추진될 것이다. 장기적으로 동북아 협력체제는 기존 아세안(ASEAN) 국가들과 연계되어 협력관계를 발전시켜 나갈 수 있을 것이다. '동북아 평화·협력구상'의 실현과 아시아의 지속가능한 발전을 위해서는 미국과 중국의 조화로운 균형이 절실하다. 미국과 중국의 대외정책(아시아 재균형과 신형대국 관계)은 서로 상충되는 것이 아니라, 건설적으로 협조할 수 있는 부분이 크다고 생각한다. 21세기 국제질서 유지에 있어 핵심적인 역할을 담당하는 미국과 중국, 그리고 동아시아 국가들이 신뢰를 기초로 협력해 나갈 때, '아시아의 새 시대'가 시작될 수 있을 것이다.[6]

박근혜 정부의 한반도 신뢰 프로세스, 신뢰 외교 역시 한반도에 평화를 증진시키고 남북한 공동번영을 추구함으로써 평화통일의 기반 조성과 동북아 경제중심국가로의 발전토대를 마련하고자 하는 통일·외교·안보정책을 포괄하는 개념으로 이해할 수 있다. 결국 평화만이 진정한 한민족 번영의 토대가 됨을 새삼 강조하는 것으로 볼 수 있다.

한민족은 분단의 과정, 분단의 성격 그리고 지정학적 이유 등으로 인해 분단극복과 통일과정에 있어 주변국의 직접·간접적 참여가 불가피하다. 그럼에도 불구하고 한민족 통일이라는 과업과 우리의 지정학적인 위치는 동북아 국가들의 역사적 화해를 이끌 수 있는 중요성을 갖고 있다. 따라서 통일한국은 동북아 평화지대, 동북아 평

---

6) 주철기 청와대 외교안보수석, "한반도 평화와 동북아의 신협력 시대"(제8회 제주포럼 만찬 기조연설 발췌문, 제주평화연구원, 2013년 8월 7일), *JPI Peace Net*, No.2013-19.

화공원의 역할을 할 수 있는 여지가 충분하며, 우리는 이 점을 분명히 인식하고 향후 민족사 발전에 활용해야 한다.

한반도는 대륙세력과 해양세력이 마주치는 지역으로 양대 세력의 국제정치적 역학관계로부터 큰 영향을 받아왔다. 강대국 중심의 국제정치적 논리는 한민족의 소망과는 달리, 분단과 전쟁을 회피할 수 없게 만들었다. 역사적 교훈은 한반도의 평화와 통일은 민족중심의 논리 못지않게 국제정치적 역학관계에 대한 이해와 신중한 대응 속에서 추진되어야 한다는 사실을 돌아보게 한다. 한반도는 동아시아 지역모순의 결절점이었다. 안재홍은 '조선의 자주독립이 동아시아 평화에 어떻게 관건으로 작용하는가?'를 큰 안목으로 통찰한 바 있다. 그는 "조선이 한번 자주독립을 잃어버리면 동아시아의 평화는 문득 깨어지고 만다."라고 설파하였다. 그의 주장은 반세기가 지난 지금에도 여전히 유효하다. 즉 한반도 평화는 여전히 동아시아의 평화이자 세계평화의 중심축이라 할 수 있다.[7]

그러나 남북관계의 진전이 반드시 한반도의 평화를 보장해주는 것은 아니다. 한반도의 평화는 깨지기 쉬운 유리잔과 같다. 평화는 규범적 가치이기도 하나, 평화의 유지와 창출은 전략적 판단과 실천을 통해 보장받을 수 있다.

분단은 한반도를 장기간 냉전구도 속에 존재하게 만들었으며, 갈등과 대립의 일상화하는 부정적 특성들을 구조화시켜왔다. 세계적인 냉전구조가 소멸되었음에도 불구하고 한반도의 냉전구조는 아직 해체되지 않고 있으며, 냉전의 대내외적 유제들이 아직도 영향력을 행사하고 있다. 북핵위기와 남남갈등은 한반도에 영향을 미치고 있는

---

7) 조민, "한반도 평화 구축과 통일의 전망," *Online Series*, 2005.9, p.1.

냉전의 상징적 징표들이라 할 수 있다. 이와 같은 점에서 분단상태에 놓여있는 한국의 경우 평화문화의 형성은 실천적 함의를 지니고 있는 현실적 문제이며, 평화번영정책의 근본적 철학 역시 이와 같은 맥락에서 이해될 수 있는 것이다. 냉전체제가 종식되지 않고 있는 한반도의 평화체제 구축을 지향하는 관점에서 한반도에 고착되어 있는 냉전문화를 평화문화로 전환하는 적극적 노력이 필요하다고 할 것이다.[8]

그럼에도 불구하고 남북관계 제로시대, 사실상 남북한 간의 불신시대에 우리의 외교는 노력에 비하여 결실을 얻기가 쉽지 않다. 북한은 박근혜 정부의 「드레스덴 구상」의 '3대 제안'을 "흡수통일의 논리이며 반통일 넋두리"로, 현 정부의 통일대박론에 대해서도 "친미사대와 반통일의 구정물"로 원색적 비난을 이어가고 있음이 남북관계의 현실이다. 박근혜 정부의 한반도 신뢰프로세스가 정상적으로 작동되기 위한 고민은 남북한 간의 신뢰회복에서 시작될 수밖에 없다. 역설적으로 현 정부의 통일대박과 통일외교의 강조는 곧 북한체제의 위기조장이라는 북한의 열등감을 자극하며, 이는 남북한 간의 신뢰회복에 역기능을 하고 있다.

2. 평화전략으로서의 신뢰외교

2014년 국제사회는 "지정학의 귀환"(Return of Geopolitics)을 목도하였다. 단극체제가 점차 해소되면서 나타나기 시작한 간극을 잠재적 도전국가들이 매립해 나가는 다극체제로의 전이현상이 심화되고 있다.

---

8) 조한범, "한반도 평화를 위한 국내 평화 NGO의 기능과 역할," *Online Series*, 2006.6, p.2.

미국은 상대적인 국력퇴조에도 불구하고 여전히 강력한 군사력을 유지하며 기축통화국으로서 국제경제질서상의 중추적 지위를 수성하기 위해 진력하고는 있으나, 적극성과 리더십을 점차 상실하는 지친 패권국가로서의 모습을 역력히 드러내고 있다. 반면에 푸틴 집권 3기를 맞이한 러시아는 우크라이나 사태에 적극 개입하는 등 유럽지역에서의 전략적 입지를 다지면서, 아시아태평양지역에서도 중국 및 북한과의 제휴를 모색하는 등「신新동방정책」을 더욱 거세게 추진하고 있다. 중국도 센카쿠(중국명 댜오위다오) 열도에 대한 영유권 주장 등으로 주변 국가들과의 영토분쟁을 불사하면서 아시아 안보는 아시아 국가가 담당해야 한다는「신新안보관」을 주창하고 나섰다. 이들의 도전은 전세기前世紀 힘의 우위를 추구하며 국제질서의 재편을 요구하였던 현상타파국가들(Revisionist States)의 재림을 연상하게 하는 사태였다. 종언을 고하는 대신, 고전적 권력정치의 드라마가 국제정치사에 재등장하고 있는 형국이다.

이러한 상황 속에서 박근혜 정부의 외교방향과 목표에 대하여 2014년 외교부 연두 업무보고자료는 "신뢰 네트워크 확산을 통한 평화 만들기 외교, 국제사회와 함께 하는 북한 변화유도 외교, 국제사회가 축복하는 통일준비 외교"라고 밝히고 있다.

박근혜 정부는 한반도와 동북아에서 전개될 동시다발적 도전에 두 가지 측면으로 대응하고자 한다. "첫째는 평화를 확실하게 지키는 것입니다. 이는 우리의 강력한 억지력에 입각하여 튼튼한 안보를 견지하는 것입니다. 둘째는 평화를 적극적으로 만들어 나가는 것입니다. 박근혜 정부는 이를 실현하기 위한 대외정책의 기조로서 '신뢰외교'(trustpolitik)를 제시하였습니다.

여기에는 남북한 간의 오랜 갈등에 기인한 악순환을 종식시키고,

대립으로 점철된 동북아 질서를 새로운 협력의 시대로 바꿔 나가고 자 하는 우리의 의지가 담겨져 있습니다.

일각에서는 냉전의 잔재와 아시아 패러독스, 즉 안보와 경제관계 의 부조화가 존재하는 한반도와 동북아에 '신뢰외교'를 적용하는 것 이 과연 가능할지 의아해하면서 정치적 현실주의(realpolitik)야말로 한반도를 둘러싼 동북아 상황의 심각성에 비추어 유일한 해결책이 라고 주장할지도 모릅니다.

그러나 박근혜 정부의 '신뢰외교'는 편협한 주관주의나 정치적 낭 만주의가 결코 아니며, 오히려 역사적 경험과 한반도와 동북아의 현 실에 대한 냉철한 인식 위에 탄생한 것이라는 점을 이 기회를 빌어 말씀드리고자 합니다.

또한 한반도 문제와 동북아 문제는 뗄래야 뗄 수 없는 불가분의 관계입니다. 우리의 지난 역사가 이를 증명하고 있습니다. 이는 독 일 통일 전 동서독 문제가 주변 강대국들과의 관계, 더 나아가 유럽 의 평화와 긴밀히 연결되어 있는 것과 마찬가지입니다. 또한 이스라 엘·팔레스타인 문제와 중동 문제가 서로 분리되기 어려운 것과 같 습니다. 서로 영향을 주는 하나의 큰 틀 속에서 조명해야 하는 문제 인 것입니다.

나아가 국가 간의 관계나 공동체의 형성과정에 있어 지속가능한 협력은 항상 신뢰의 수준과 같이했다는 것이 역사의 경험입니다. 신 뢰는 협력을 위한 자산(asset)이고, 공공의 인프라이며, 진정한 평화 를 이루어내는 불가결의 요건입니다. 신뢰 없는 평화는 깨지기 쉬운 거짓(bogus) 평화에 불과합니다. 뿐만 아니라 신뢰가 뿌리를 내리기 위해서는 오랜 과정(process)과 일관성이 필요합니다.

이런 점에서 박근혜 정부의 '신뢰외교'는 정책수단을 포함한 외교전략이기도 합니다. 이와 같은 '신뢰외교'를 통해 한반도와 동북아에서의 지속가능한 평화와 협력을 구축하려는 것이 바로 한반도 신뢰 프로세스와 동북아 평화협력 구상인 것입니다.

한반도 신뢰 프로세스는 확고한 안보를 토대로 남북한 간에 신뢰를 쌓아 관계를 정상화하고 지속가능한 평화를 정착시킴으로써 궁극적으로 한반도 주민 모두가 행복한 통일 시대를 열겠다는 구상입니다.[9]

'한·독 통일외교자문위원회'를 구성하기로 합의하였습니다. 또한 2014년 2월에 서울에 상주하며 북한을 겸임하는 21개 국가 대사관과 우리 외교부 간의 협의체인 '한반도 클럽'이 출범한 바 있습니다. 앞으로도 정부는 통일외교 노력을 더욱 체계적으로 전개해 나가고자 합니다.

독일 통일 당시의 서독의 콜 총리와 동독의 드 메지에르 총리는 이구동성으로 독일의 통일이 오랜 동안의 준비의 산물임을 강조하였습니다. 철저한 준비야말로 언제 어떻게 통일이 오든 우리가 원하는 통일을 이룰 수 있는 요체입니다.

통일된 한반도는 동북아는 물론, 국제사회의 평화와 번영에 크게 기여할 것입니다. 핵 없는 한반도, 주변 모든 국가들과 우호관계를 맺은 한반도가 될 것이며, 역내 안보 협력의 추진체이자 역내 성장의 견인차가 될 것입니다.[10]

남북한 간의 대화와 협력을 기반으로 신뢰를 쌓아 남북관계를 진전시킨다는 '한반도 신뢰 프로세스'는 성공적으로 작동하지 않았고,

---

9) 윤병세 외교부 장관, "21세기 전략적 사고와 신정부 외교비전," 동아시아연구원 컨퍼런스(2013년 4월 29일) 개회사.

10) 윤병세 외교부 장관, '여의도연구원 국제심포지엄'(2013년 4월 10일)에서의 기조연설.

'동북아 평화협력구상'은 한일관계 및 중일관계의 악화로 그 빛을 잃어버렸다. '유라시아 이니셔티브'는 미국과 러시아의 신냉전구도 속에서 사실상 정지된 상태다

'4강외교'에 대한 고민도 갈수록 심화되고 있다. 박근혜 정부 들어 한중관계는 이전과 달라졌다는 평가를 받는다. 한국과 중국간에 자유무역협정(FTA)이 타결되고 고위급 인사교류도 크게 늘었다. 하지만 미국은 의혹의 눈초리로 바라보고 있다. 미국 고고도미사일방어체계인 사드(THAAD)의 한반도 배치문제와 중국이 주도하는 아시아인프라개발은행(AIIB)에의 참여문제 등은 향후 박근혜 정부 외교력을 시험대에 올려놓을 중대 사안들이다.[11]

이러한 시점에 러시아 푸틴(Vladimir Putin) 대통령은 2014년 10월 17일 이탈리아 밀라노 아시아-유럽정상회의(ASEM) 기자회견에서 "러시아는 남북한의 이웃이기 때문에 한반도 문제 해결을 위한 중재자 역할에 관심이 있다."라는 의견을 제시하였다. 아울러 푸틴은 "중국의 경제성장, 일본의 첨단기술, 한국과의 오랜 친선관계, 그에 못지않은 북한과의 우호관계 등을 이용하지 않는다면 이는 어리석은 일일 것"이라면서 "이 정책방향(동북아 지역과의 협력)은 오래전에 선택했으며, 이는 정치적 고려 때문이 아니었다."라고 거듭 주장하였다.[12]

이와 더불어 캐나다 토론토대학교 멍크국제학센터 존 커튼 교수가 제시한 "국제사회가 한국에 기대하는 역할은 북한을 민주화시켜 국제사회에 평화롭게 편입시켜야 한다."라는 주장은 매우 시의적절하다. 한국이 정직한 중개자(honest broker)의 역할을 할 수 있을 때

---

11) 『경향신문』, 2015년 2월 22일자.
12) 『국제신문』, 2014년 10월 18일자.

동북아 영토문제 등 갈등상황 속에서 우리의 국익을 지켜낼 수 있다는 것이다.[13]

요컨대 신뢰외교의 실질적 내용과 목표는 균형외교이다. 신뢰를 강조하고 평화와 실리를 챙겨나가야 할 것이다. 따라서 신뢰외교는 곧 균형외교이나, 전략적으로 균형을 주변국에 강조하기 보다는 평화를 통한 신뢰 구축을 통해 우리가 얻고자 하는 외교적 힘의 균형을 국익에 반영시키는 것이 마땅하다.

이처럼 글로벌 시대는 어떤 국가도 홀로 존립할 수 없다는 것, 즉 국경 없는 사회(borderless society)가 열리고 있음에 주목할 때, '평화'의 가치에 대한 이미지 선점은 편협한 외교의 위험성을 인식하는 것과 더불어 그 의미가 매우 크다고 여겨진다.

따라서 평화의 개념에 대한 국내외적 공감대를 확대하는 방안을 모색해야 한다. 한반도 평화체제 구축과 동북아 평화체제 형성 가능성은 상호 밀접한 연관이 있다. 따라서 한반도 평화의 강조를 통해 동북아 평화체제 구축의 필요성 및 방안이 자연스럽게 모색되는 분위기로 나아갈 수 있다. 이를 위해서 평화교육을 위한 동북아 연대(평화기금, 평화연구소, 평화교과서 및 역사교과서 공동개발, 평화운동의 국제적 네트워크화 등)를 구축하고 강화해 나가야 한다. 또한 우리 정부는 '적극적 평화국가'로서의 국가 이미지를 강화하기 위한 노력을 한층 강화해야 한다. 즉 평화활동을 주도하는 국제기구에의 기부금(혹은 지원금) 확대, 분쟁지역 등에 대한 평화유지군 참여 확대를 통해 적극적 평화국가로서 국제적 기여를 높여 나가야 한다. 스웨덴의 경우 국제적 평화국가로서의 영향력이라는 측면에서 우리

---

13) 『중앙일보』, 2013년 11월 4일자.

가 참조할 모범적인 사례가 될 수 있다.

요컨대 평화의 가치를 선점하여 활용함이 중요한 한민족의 생존전략이며 미래전략임을 깨닫고 실천함이 무엇보다도 중요하다. 바로 이 점에 본 연구가 지닌 의미와 연구 필요성이 존재하며, 또한 박근혜 정부의 평화구상과 신뢰외교는 반드시 성공해야하는 시대적 과제라 할 수 있다.

외교의 핵심 가치는 시대의 흐름에 따라 변할 수 없다. 동북아에서 강대국간 협력과 갈등구도 속에서 한국의 위상과 역할 정립이 중요한 시점이다. 미중관계의 불확실성은 단시간에 해결될 수 없는 사안이며, 따라서 동아시아의 평화와 안정의 기치를 높임으로써 한국의 국익을 극대화하는 노력이 요청된다. 현 정부가 주창하는 신뢰외교, 동북아 평화협력구상, 유라시아 이니셔티브 등의 개념을 유연하게 재조정하고 구체화하는 전략적 필요성이 제기된다.

무엇보다 북한과 중국 관계의 딜레마를 한국 외교는 전략적으로 활용해야 할 것이다. 북한은 중국에게는 포기할 수 없는 전통적 동맹국임에 분명하다. 하지만 중국의 대對한반도 인식에 변화가 중국 내에서 나타나고 있으며 우리는 역시 이 변화를 유도해 나가야 한다. 북한의 포기와 통일된 안정적인 한반도가 중국에 더 큰 이익을 줄 수 있고, 동북아 안전장치가 통일한국에 마련된다면 중국의 선택에 전환점을 가져올 수 있다.

동북아의 다각적 갈등 속에서 분단국가인 우리는 전후 유럽의 갈등을 화해와 협력으로 전환한 유럽연합의 경험과 지혜를 타산지석으로 삼을 필요가 있다. 특히 신뢰외교를 통해 유럽의 화합과 분단을 극복한 독일의 사례는 이 시대 우리가 반면교사로 삼을 필요가 있다고 할 것이다.

1990년 10월 3일 이루어진 독일 통일. 그 통일과정은 우리에게 중대한 교훈을 남겼다. 독일 통일은 대외적으로는 동방정책을 중심으로 한 신뢰외교의 산물이며, 대내적으로는 두 독일 간의 신뢰구축의 산물, 즉 동독인들의 마음을 얻은 서독 승리의 결실이다. 그렇다면 우리는 언젠가 통일이 가능한 환경이 주어진다면, 무엇으로 통일을 쟁취할 것인가? 필자는 장기적으로 보면 한반도 통일대박론에 찬성하는 입장이다. 그러나 박근혜 정부가 섣불리 통일대박론을 강조함은 자칫 북한을 자극하는 것이며, 남국관계를 어렵게 하는 중대요인이므로, 신뢰외교를 통해 국제적으로 통일의 효용성을 설득해나가는 작업을 병행해야 한다. 이를 위해 우선 남북관계 개선을 위한 공공외교와 민간협력 등 한반도 내의 평화와 신뢰구축 노력이 선행되어야 한다. 이와 더불어 박근혜 정부는 통일대박론보다 한반도 평화의 가치에 대해 설득력 있게 강조함이 선행해야 할 통일외교전략이며, 현실적으로 통일대박론보다 한반도 평화대박론이 강조되어야할 것이다. 이는 향후 통일대박론의 실천적 준비를 위한 작업들과 병행되어야 한다. 실천적 준비로는 개성공단 활성화와 금강산관광 재개, 제2, 제3의 개성공단 건설과 백두산 관광, 나선과 청진항 개발 참여와 남북철로와 가스관 연결작업, 신의주 개발 참여 그리고 두만강개발계획의 활용을 통한 동북아 화해협력지대 창출, 동북아개발은행 설립 등도 그 일부가 될 수 있다.

요컨대 신뢰외교는 한반도를 통해 미국과 중국과 러시아를 하나의 이익과 신뢰 공간으로 묶어내는 작업이다. 더불어 한반도 통일과 평화를 지원하는 UN, EU 등 전세계적 협력과 지지를 이끌어낼 수 있는 작업이기도 하다. 한국 외교의 궁극적인 과제는 통일한국이 미국과 중국, 러시아와 일본의 이익은 물론이거니와 동북아 평화에 큰 도움이 될 것임을 설득하고 한반도에 평화를 정착시키는 것이다. 신뢰외교의 구체적 콘텐츠를 무엇으로 할 것이며, 신뢰외교로 맺을 결실을 단계별로 수확할 지혜가 요청된다. 신뢰란 그 의미와 수준이 추상적일 때, 그 효과가 반감될 수 있기 때문이다.

Ⅳ. 결론 및 후속 연구를 위한 제언

일본의 우경화, 북한의 핵과 미사일 도전, 미국과 중국의 동아시아 헤게모니 게임, 한중관계 우호화 노력, 특히 한국의 외교 노력은 동북아 평화의 주춧돌이 될 수 있다. 대한민국의 위기를 기회로, 다 함께 동북아 지역의 갈등을 평화로 나아갈 수 있는 계기를 만들어야 한다. 이것이 박근혜 정부의 소명이요, 이 시대에 존재하는 이유이다.

미중 간의 군축, 북미평화협정, 6자회담과 동북아평화시스템과 동북아경제공동체, 일본의 평화헌법 준수, 한반도 비핵화, 동북아 역사 화해, 이 모든 것은 상호 연계된 사항이다. 그 과정의 우선순위는 다양하게 나타날 수 있으나 그 중심에 한반도가 놓여있다.

이명박 정부는 자원외교를 공공연히 펼친 바 있고, 이는 '실제 국익에 얼마나 도움이 되었던가?'를 반문해볼 필요가 있다. 박근혜 정부의 통일외교, 통일공공외교, 통일대박론의 강조 역시 부작용을 염두에 둔 지혜로운 외교활동으로 승화되어야 할 것이다. 한반도 평화의 가치를 확산하고 북한을 덜 자극할 수 있는 '신뢰외교'가 이런 점에서 더욱 균형 잡힌 세련된 용어가 될 수 있다.

아울러 급변하는 동북아의 외교지형 속에서 대한민국의 미래와 통일을 위한 인식 전환이 요청된다. 우선 안보의 외연적 실질적 개념의 확대가 필요하다. 외교가 곧 안보이며, 국력이라는 인식의 증대가 요청되는 시대이다. 결국 외교·국방·통일을 포괄하는 안보 개념의 외연 확산이라는 인식 패러다임의 전환이 요구된다.

이와 더불어 한반도 컨센서스와 공공외교를 통한 남북관계 개선을 위한 새로운 패러다임으로서의 대북정책이 요청된다. 또한 6자회담과 박근혜 정부가 강조하는 통일대박론은 함께 가야 할 운명이다. 한반도 통일과정의 국제적 관심과 참여, 그리고 협력과 해결이라는 특수성을 담을 수 있는 공론의 장은 현재로서는 6자회담이 적절하다고 생각한다.

우리는 독일 통일에서 얻은 교훈, 즉 독일 통일이 국제적 통일환경 조성과 양독간의 지난한 통일 준비, 또한 통일 가능성의 적실한 타이밍을 놓치지 않았던 독일 지도자들의 지혜의 산물임을 반추할 필요가 있다. '우리는 통일을 위해 과연 무엇을 준비하고 있는가?', '통일의 기회를 잡을 준비와 지혜가 우리에게 있는가?'를 반문해보아야 한다.

한반도 미래 준비 구상은 궁극적으로 동북아의 미래 상황과 밀접한 운명임을 자각하는 것에서 신뢰외교가 비롯된다. 모든 외교관계가 신뢰에 의해 이루어지겠지만, 유독 '신뢰' 외교를 강조하는 우리의 입장은 우리 외교의 어려움을 역설적으로 표현하는 것에 다름 아니다. 그만큼 한반도를 둘러싼 국제적 환경이 지난하고, 한편 우리의 외교상황이 어렵다는 것을 반증하는 것이기도 하다.

그럼에도 불구하고 남북관계 개선과 평화, 나아가 한반도 통일의 중요성, 이와 더불어 동북3성과 시베리아의 미래, 동북아 평화와 협력공간으로서의 한반도의 역할과 가치 등이 신뢰외교의 주요 콘텐츠이며 외교적 설득의 무기가 되어야 한다. 한국 외교가 동북아를 화해·협력, 상호이익을 추구하는 공동체로 만드는 과정에 일조해야 한다. 신뢰외교는 '한반도가 왜 동북아 화해·협력의 공간이 되어야 하는가?'에서 출발하여 '한반도 통일의 필요성과 중요성, 나아가 통일한반도가 동북아 미래 발전에 어떻게 기여할 것인가?'를 구체적으로 제시하여야 한다.

그럼에도 불구하고 한국의 독자적인 힘으로 신뢰외교를 성공적으로 펼쳐 나간다는 것은 현실적으로 무리다. 그렇다면 한국의 신뢰외교를 지지하고 도와주는 역할을 할 수 있는 국가는 누구인가에 대한 선험적 고민이 필요하다. EU의 통합과정에서 그리고 회원국들 간의 신뢰 속에 독일 통일이 이루어졌듯, 그리고 그 과정에서 소련과 미국(고르바초프와 부시)의 도움으로 독일 통일의 국제적 장애요인들이 제거 혹은 완화되었음에 주목할 필요가 있다.

이처럼 우리의 동북아 미래구상 제시가 구체적이고 미·일·중·러의 이익이 교차하는 합리성을 가질 수 있을 때, 유엔과 유럽연합 등의 국제적 협력을 이끌어낼 비전을 제시할 수 있을 때 신뢰외교는 비로소 작동된다. 이를 위한 전前단계로 한국의 신뢰외교는 먼저 러시아와 일본의 중재 노력을 중요한 목표로 삼아야 한다. 러시아가 중국을, 일본이 미국을 설득하고 남북한과 몽골이 함께 동북아 공동체의 비전에 참여할 수 있는 시나리오의 완성이 우리 외교의 중간 목표가 되어야 한다. 이를 위해서는 무엇보다 남북관계의 긴장완화와 제2, 제3의 개성공단, 금강산과 백두산 관광, 나선 프로젝트에 한국의 참여 등 경제협력이 절대적으로 필요하다. 이에 대한 자세한 논의는 필자의 후속 연구에 의해 이루어지고 있으며, 이와 더불어 관심 있는 동료 후학들의 연구 노력이 요청된다.

이에 신뢰외교의 작동조건은 기본적으로 한반도의 평화, 남북관계의 발전과 협력이 전제되어야 한다. 그리고 대외적으로 우리를 도와줄 수 있는 국가들을 만들어가는 과정이 절대적으로 필요하다. 그런데 역으로 우리를 도와줄 국가로는 일본과 러시아를 활용함이 우리 국익에 효용적일 수밖에 없다는 발상의 전환이 요청된다. 물론 필자의 이와 같은 역발상에 이론의 여지도 있을 수 있다. 그럼에도 불구하고 현실적으로 미국과 중국을 움직이는 것보다 일본과 러시아를 움직이는 것이 쉬울 수 있고, 동북아 미래구상 구체화라는 작업에 동참시키기가 훨씬 현실적으로 가능성이 높아 보인다. 따라서 한국의 신뢰외교는 이제라도 이에 대한 논의가 절대적으로 필요한 시점이 아닐까 여겨진다. 분단과 지정학이라는 점에서 볼 때 우리가 겪고 있는 외교의 어려움을 논외로 하더라도, 외교전문가 양성이 첨단 분야의 인재양성 못지않게 중대한 이 시대 최고의 과제임을 다시금 상기시키고자 한다. 외교 인재 양성에 투자와 정성을 다할 때 대한민국에게 미래가 열릴 것임을 우리의 역사는 이미 보여주었고, 우리는 이를 복잡다난한 한반도 문제를 극복하는 지혜로 삼아야 할 것이다.

참고문헌

곽태환 외, 『한반도 평화체제의 모색』, 서울: 경남대학교 극동문제연구소, 1997.

권터 그라스·김구륜 외, "'선도형 통일'의 경로와 과제," 『통일연구원 통일비용·편익 종합연구 2012-2』, 2012.

_____·프랜시스 후쿠야마/이승협 옮김, 『세계화 이후의 민주주의』, 서울: 평사리, 2006.

김진하, "중국의 부상과 동북아 국제질서 변화: 분석과 전망," 통일연구원 Online Series, CO 14-19, 2014.12.24.

김창환, "한반도 위기와 통일 개념 재정립의 필요성," *KNSI Report*, 코리아연구원 특별기획 제42호, 2013.

리온 시갈, "한국을 위한 협력: 평화 프로세스와 비핵화," 『북한대학원대학교 국제학술회의 자료집』(2008.5.1).

류장용, "동북아 평화체제의 구축," 『제3회 한겨레-부산 국제심포지엄 자료집』, 2007.

레스터 C. 서로우/현대경제연구원 옮김, 『세계화 이후의 부의 지배』, 서울: 청림출판, 2005.

로버트 쿠퍼/홍수원 옮김, 『평화의 조건』, 서울: 세종연구원, 2004.

박근혜, "새누리당 박근혜 후보 외교·안보·통일정책 발표문," 2012.11.5.

박인휘, "한반도 신뢰 프로세스의 이론적 접근 및 국제화 방안," 『통일정책연구』, 제22권 1호, 2013.

박영호 외, 『통일외교 세부 추진 전략』(통일부 용역보고서), 2012.10.

배정호 외, "리더십 교체기의 동북아 4국의 국내정치 및 대외정책 변화와 한국의 통일외교전략," 통일연구원, 『KINU연구총서』 12-11, 2012.

손 열, "새로운 전략의 모색: 한국의 중견국 외교," 『21세기 전략적 사고와 신정부 외교비전』(외교부 동아시아연구원 공동주최 국제회의 자료집), 2013.4.29.

안성호, "김정은 체제의 대남정책과 박근혜 정부 대북정책전망," 『북한연구학회 춘계학술회의 자료집』, 2013.4.

이상현, "동북아 안보환경 변화와 박근혜 정부의 외교안보전략," 『JPI정책포럼』, No.2014-04.

이승헌, 『숨 쉬는 평화학』, 서울: 한문화, 2002.

이수훈, 『세계체제, 동북아, 한반도』, 서울: 아르케, 2004.

이헌근,『평화를 통한 국가이미지 제고와 통일과정에서의 활용방안』, 통일연구원, 2006.

_____, "한반도 평화체제의 의미와 구축 전망: 동북아 평화체제와 관련하여"(한국동북아학회 발표논문), 2004.

_____,『통일, 민족주의 그리고 제3의 길』, 부산: 신지서원, 2001.

_____, "한반도 평화 논의와 이명박 정부의 외교안보정책,"『국제문제연구』, 제8권 2호, 2008a.

_____, "이명박 정부의 대북정책: 비판적 검토와 제언,"『북한학보』, 제33집 1호, 2008b.

_____, "남북관계의 변화와 향후 통일과제"(통일교육학술세미나 발표문), 2010.

_____, "김정은 정권과 한반도 미래"(가마뫼미래마당 제59회 세미나 발표논문), 2012.

_____, "박근혜 정부의 대북정책과 한반도 평화"(한국시민윤리학회 발표논문), 2013.

_____, "박근혜 정부의 한반도 평화전략과 신뢰외교"(세계교수협의회 부산지역 세미나 발표논문), 2014.

이홍종, "동북아 공동체의 구축현황과 전망: 정치, 경제 및 문화 공동체를 중심으로,"『국제정치연구』, 제5집 1호, 2002.

일본평화학회 편집위원회 편/이경희 옮김,『평화학』, 서울: 문우사, 1987.

와다 하루키/이원덕 옮김,『동북아시아 공동의 집』, 서울: 일조각, 2004.

워렌 코헨/하세봉 · 이수진 옮김,『미국은 동아시아를 어떻게 바라보는가?』, 서울: 문화디자인, 2003.

전재성, "박근혜 정부의 외교정책,"『21세기 전략적 사고와 신정부 외교비전』(외교부 동아시아연구원 공동주최 국제회의 논문집), 2013.4.29.

조성렬, "새 정부의 대북정책 과제와 추진전략," 21세기통일경제연구원,『한반도 신뢰 프로세스 구상과 남북경협』, 2013.2.28.

존 페퍼, "동아시아 평화체제: 불가능성과 불가치성"(제3회 한겨레-부산 국제심포지엄 자료집), 2007.

통일부,『박근혜 정부 2년, 통일업무 이렇게 추진했습니다』, 2015.2.25.

하영선 편,『21세기 평화학』, 서울: 풀빛, 2002.

Alina Wheeler, *Designing Brand Identity: A Complete Guide to Creating Building, and Maintaining Strong Brands*, New York: Wiley, 2006.

Johan Galtung, "Social Cosmology and the Concept of Peace," *Journal of Peace*

Research, No.2, 1981.

Marc Gobe & Serqio Zyman, *Emotional Branding: The New Paradigm for Connecting Brands to People*, London: Allworth Press, 2001.

# #
Part 3

'제3의 길': 스웨덴 모델과 한민족 통합

Ⅰ. 서론

우리는 흔히 스웨덴을 복지국가의 전형으로 간주하곤 한다. 유럽 북쪽 스칸디나비아 반도에 위치한 인구 900만 명이 채 안 되는 소국 小國임에도 불구하고, 1930년대 이래 '중간의 길'(middle way)이라는 독특한 경제정책과 복지정책으로 많은 이들의 관심을 끌어왔다. 사회민주당(SAP)에 의한 장기집권, 재분배정책을 통한 적극적 복지국가, '스웨덴 모델'로 평가받는 노사관계와 산업평화, 남녀평등을 지향하는 사회, 환경정책에 모범적인 국가, 인권의 문제에 앞장서는 국가 등의 특성으로 인해 스웨덴은 분명 세인의 이목을 끌기에 충분한 국가다. 필자가 스웨덴에 대해 학문적 관심을 가진 것도 바로 이런 점 때문이다. 이는 한민족이 분단과 갈등을 승화하고, 나아가 평등과 인권에 가치를 둔 '인간의 얼굴을 지닌 새로운 체제'(the new system with human face)로 나아갈 수 있으리라는 희망의 단초를 스웨덴의 역사적 경험에서 찾고 싶었기 때문이다. 좌·우를 초월한 새로운 이념 모형의 발견, 혼돈의 세기를 뛰어 넘을 수 있는 희망의 창출, 우리 사회에 팽배한 상대적 박탈감이 공동체 의식으로 발전하여 우리 민족이 21세기의 진정한 승자가 될 수 있는 대안을 모색하

고 싶었기 때문이다.[1]

1989년 이후 본격화된 세계사적 전환의 시기에, 소비에트 연방 붕괴 이전에 고르바초프(Mikhail Gorbachev) 역시 스웨덴 모델에 깊은 관심을 표명한 바 있다. 그는 자본주의와 사회주의의 혼합체제(mixed system)로서의 스웨덴 모델에 대한 검토 가능성을 언급한 적이 있었다. 그리고 공교롭게도, 김정일 정권 등장 이후 북한 역시 몇 차례에 걸쳐 '스웨덴 모델'(Swedish model)에 대한 관심을 표명한 바 있다. 이는 북한 체제의 변화, 특히 경제적 이행과 관련하여 북한이 새로운 사회 모델에 관심을 보이는 것인 동시에, 북한 체제의 위기감을 읽을 수 있는 대목이기도 하다. 또한 우리 사회 일각에서도 통일한국이 나아가야 할 체제 혹은 이념적 방향으로 스웨덴식 사회민주주의 모델의 검토가능성이 제기되기도 한다. 정치경제적 시각에서 볼 때 스웨덴은 '국가주도사회'(state-led society)와 '혼합경제'(mixed economy), 자본주의와 사회주의 사이의 '제3의 길'(the third way)[2] 혹은 로빈 훗(Robin Hood)의 나라(고도로 재분배적인 세금제도와 복지), 다수의 중산층으로 구성된 나라 등으로 특징짓기도 한다. 그리고 스웨덴 사회의 평등에 대한 국가적 강조는 중립국가(neutral country)라는 이점을 잘 활용한 면에서도 생각할 수 있다. 즉 전쟁이라는 것을 포함한 국가안보문제가 해결되었기 때문에 정부 정책의 우선순위가 국내적 관심뿐 아니라 정의(justice), 평등, 자유라는 탈물질적 가치들을 반영할 수 있었다. 그러나 단적으로 말하면, 스웨덴 모델이 현재의 남북에 적용할 수 있는 여건은 전혀 갖추

---

1) 이 부분은 필자의 저서 『제3의 길로서의 스웨덴 정치』, 부산: 부산대학교 출판부, 1999의 머리말에서 따옴.

2) '제3의 길' 논의가 20세기 말 유럽에서 활발히 전개되고 있다. 이에 대한 개념과 그 특성에 관해서는 이헌근, 『현대 유럽의 정치: 그 이상과 현실』, 부산: 신지서원, 2000을 참조.

어져 있지 않으며, 따라서 이에 대한 북한의 검토는 현실적으로 무의미한 것이라고 할 수 있다.

그럼에도 불구하고 스웨덴은 통일한국이 지향해야 할 가치들을 제도적으로 접목할 수 있는 가능성과 교훈을 동시에 제공할 수 있다는 점에서 여전히 매력적인 연구대상이 될 수 있다. 따라서 이 글에서 필자는 스웨덴 모델에 대한 전반적인 특성을 다음 장에서 간략히 언급한 후, 현재의 남북한에 적용이 어려운 이유를 몇 가지 점을 중심으로 지적하고자 한다. 그리고 이 글을 통해 스웨덴 모델이 일정 기간 통일 한국의 분열과 대립을 극복할 수 있는 '대안적 체제'(alternative system)로서의 역할 가능성을 비록 시론적 수준에서나마 논의해갈 것이다. 이는 통일을 준비하는 새로운 대안 모색이라는 점에서, 기존의 통일 논의와 차별성을 가질 수 있다는 점에서 이 연구는 나름의 의미를 가질 것으로 생각한다. 그러나 이 연구의 주제가 전적으로 필자의 주관에 의존해야 하는 한계도 여전히 존재한다.

Ⅱ. 스웨덴 모델의 특성3)

스웨덴은 안정된 민주주의, 산업평화와 경제의 효율성 추구라는 정치경제적 특성으로 인해 1930년대 이후 '하나의 모델국가'로서 국제적 관심을 끌어왔다. 가난한 나라, 전형적인 농업국가이던 북유럽의 소국小國 스웨덴은 이웃 유럽 국가들에 비해 산업화의 출발이 늦었음에도 불구하고, 소위 '스웨덴 모델'(Svenska modellen)4)로 불

---

3) 이 부분에 대한 자세한 논의는 이헌근, 『제3의 길로서의 스웨덴 정치』 참조.

4) Rudolf Meidner, "The Rise and Fall of the Swedish Model," *Studies in Political Economy*, vol.39, Autumn 1992, pp.159-171.

릴 만큼 1970년대 중반까지, 가까이는 1980년대 초기까지 정치·경제적으로 독특한 모습을 보여주었다. '스웨덴 모델'이라는 용어는 일반적으로 스웨덴 외부의 세계에서 사용해왔다. 스웨덴 사람들 스스로는 그들의 사회·경제정책이 다른 부류의 복지국가들과 근본적인 차이가 있는 '하나의 모델'이라 인식하고 있지 않다. 단지 그들에게 있어서 오늘날의 스웨덴 사회는 자기 나라 역사와 전통의 산물이며, 복지국가는 지난 몇 십년간 강력하고 우월적인 노동운동에 많은 영향을 받아온 것으로 인식하고 있다.

스웨덴 모델은 세계최고의 노조 조직률, 노동조합과 사회민주당의 협력관계, 40년 이상 계속된 사회민주당의 장기집권(1932~1976), 제도화된 계급 타협을 통해 이룩한 완전고용과 보편주의에 입각한 사회복지, 산업민주주의와 '임금노동자기금'의 도입, 독특한 사회주의 이념 등을 특성으로 평가를 받아왔다. 기본적으로 이러한 스웨덴 모델은 사회민주주의5)와 노동운동 간의 상호작용에 의한 산물이다.

1980년대 이후 스웨덴 국내·외에서는 '스웨덴 모델은 끝났는가?'에 대한 논의가 활발히 진행되고 있다. '스웨덴 모델'이란 용어의 사용은 스웨덴 노동시장의 발전과 관련하여 1930년대에 비롯된 것으로 볼 수 있다. 이는 노사가 노동분쟁(labor disputes)과 국가간섭을 성공적으로 배제시키기 위한 노력의 산물이었다. 이후 이 용어는 스웨덴의 국내적 안정성과 사회복지제도 그리고 외교·안보정책

---

5) 사회민주주의(social democracy)와 민주사회주의(democratic socialism)의 구분은 그리 쉽지 않다. 그러나 이 글에서 전자는 후자를 성취하기 위한 과정의 일부로, 그리고 후자는 계급 없는 사회를 의미하는 최고의 사회주의 이상 실현으로 보고자 한다. 이는 1990년 사민당이 1990년 당 강령에 "평등·민주주의·연대의 지도원리(guiding principle)로서의 사회민주주의"를 규정하고 있는데 기인한 것이다. SAP, 1990년 당 강령, p.15. 특히 스웨덴 사민당은 민주사회주의라는 목표문화(goal culture)를 '인민의 집'(Folkhem)이라는 용어와 함께 사용하고 있다.

과 같은 노동 이외의 영역에까지 확대되어 적용되었다. 이러한 주장과 관련하여 하데니우스(Stig Hadenius)는 이 모델이 계급차별과 노동시장에서의 성 차별의 완화, 교육기회의 보편성, 정치참여 증대와 같이 스웨덴 사회를 발전시켜온 긍정적인 측면이 있음을 지적하고 있다.6)

메이드네르(Rudolf Meidner)는 1992년의 논문7)에서 '스웨덴 모델'의 개념, 목표, 업적, 약점 등을 분석한 후, 이 모델의 재건을 위한 자신의 생각과 거대한 유럽 공동체의 일부로서 스웨덴의 생존을 위한 기회를 모색하고 있다. 그는 스웨덴 모델의 개념을 다양하게 정의하고 있다. 우선 광의의 개념으로서의 스웨덴 모델은 1930년대 미국의 저널리스트 차일즈(Marquis Childs)가 제기한 바와 같이, 두 체제의 장점을 결합하려는 스웨덴의 방식, 즉 자본주의와 사회주의; 사적 소유와 공공복지; 시장경제의 원리와 계획의 요소들의 결합이 그것이다. 차일즈에 있어 스웨덴은 현대사회에 내재하는 문제들을 합리적이고 인간적으로 해결하려는 '중간의 길'(middle way)을 걷고 있는 나라로 여겨졌던 것이다. 이 점 때문에 우리 사회의 일각에서 스웨덴에 관심을 갖기도 한다. 남북한의 상이한 두 체제를 조화할 수 있는 통일한국의 '제3의 길' 모형을 발견할 수 있으리라는 기대감 때문이리라. 일부 연구자들은 자본주의와 사회주의의 장점을 변증법적으로 조화할 수 있으리라는 기대감에서 스웨덴을 하나의 대안으로 제시하였다.

이에 비해 협의의 해석은 1938년 '쌀츠요바덴 협정'(Saltsjöbaden

---

6) Stig Hadenius, *Swedish Politics During the 20th Century*, Stockholm: The Swedish Institute, 1990, pp.183-184.

7) Rudolf Meidner, *op.cit.*, pp.159-171.

Agreement)으로 알려진 자본과 노동의 대타협에 초점을 둔다. 일반적으로 중앙임금협상이 스웨덴 모델의 가장 중요한 특징으로 인식되어왔으나, 1980년대에 와서 임금협상체계의 변화가 곧 이 모델의 종말을 나타내는 것으로 해석되기도 한다.

이러한 스웨덴 모델의 주요 목표는 스웨덴 복지국가 발전을 주도해온 노동운동의 전통적 선호들(priorities)을 반영한다. 완전고용과 평등은 이 모델이 추구하는 궁극적 목표들이다. 이 두 가지 목표는 노동운동사에 뿌리를 두어왔고, 또한 수많은 사민당의 강령과 선언문에서 입증되었다.

노동과 자본의 타협 모델로서의 스웨덴 모델은 1930년대 '역사적 타협'에 의해 시작된 이후, 경제적 의미의 스웨덴 모델 형성에 있어서 주요 내용을 이룬다. 경제적 의미의 스웨덴 모델은 1950년대 '렌-메이드네르 모델'에서 시작되어, 1960년대 완전고용, 재분배정책, 적극적 노동시장정책, 연대임금정책 등에 의해 발전되어왔다. 이처럼 스웨덴 모델이라는 용어는 광범위한 내용들을 포함하고 있다. 따라서 이 개념의 사용은 이데올로기적 특성, 스웨덴의 특수한 합의문화(consensus culture), 동등한 노사관계, 경제운영정책상의 특성이라는 상호 연관성 속에서 찾을 수 있다.

이상의 논의를 종합하면 스웨덴 모델은 스웨덴의 독특한 정치문화를 통한 '사회적 합의'의 산물이다. 그리고 이는 민주적이며 안정적인, 그리고 복지지향적인 방법을 통해 사회를 '보다 인간적인 공동체'[8)]로 나아가려는 일련의 노력을 의미한다.

통일을 서독의 '잘못된 자본주의'와 동독의 '잘못된 사회주의'를

---

8) 그들의 표현에 따르면, '건강한 사회'(strong society) 혹은 '인민의 집'(folkhem, people's home)을 의미하며, 스웨덴 사회민주당 강령에 의하면 이는 곧 사회주의로 나타난다.

변증법적으로 지양할 수 있는 기회로 보는 독일 지식인 그라스 (Günter Grass)의 시각은 우리에게 타산지석이 될 것이다. 김누리는 독일 통일을 배타적 민족주의와 약탈적 자본주의의 결합으로 규정한 바 있고, 이는 우리에게도 적용될 수 있는 통일의 위험성이 아니겠는가?

"통일은 언제나 '재'통일이 아니라 새롭게 만들어가야 할 '신'통일을 의미한다. 그 말은 분단상태의 문제점과 갈등을 그대로 옮기는 것이 아니라, 그것을 지양하는 과정으로 통일을 이해해야 한다는 것이다. 남북한 간의 엄밀한 체제비교는 어느 한쪽의 절대적 우위를 어렵게 만든다. 과연 누가 북한 노동자의 권리가 남한 노동자의 그것에 미치지 못한다고 말할 수 있으며, 남한 시민의 권리가 북한 시민의 권리보다 못하다고 할 수 있을 것인가? 그런 의미에서 통일은 남한 자본주의를 혁신하고, 북한 사회주의를 개혁하는 기회이자 과정이라고 인식해야 한다."9)

결국 통일은 남북한 양 체제가 안고 있는 모순과 부조리를 동시에 치유하고 개혁하는 기회로 삼아야 한다는 인식이 그 토대가 되어야 한다. 따라서 새로운 통일은 남북의 권위주의적 자본주의와 권위주의적 사회주의를 극복하는 제3의 길을 찾는 과정10)인 동시에, 나아가 남북의 모순을 동시에 극복하는 사회적 이념으로서 민주적 사회주의 혹은 사회민주주의가 현실적 대안으로 진지하게 검토되어야 한다는 주장들이 제기되고 있다.

---

9) 이해영, "독일은 통일되지 않았다," 『독일 통합 10년의 정치경제학』, 서울: 푸른 숲, 2000, p.8.
10) 신광영, "우리에게 '제3의 길'은 무엇인가?," 『사회비평』, 1999년 여름호, p.192.

Ⅲ. 분단과 통일 그리고 스웨덴 모델의 적용 가능성

'어떤 방법으로 남북한 간의 갈등을 해소하고 화해와 통합으로 이끌 것인가?'라는 물음을 제기하면서 우성대 교수는 다음과 같이 언급한다. 즉 남북한의 갈등을 야기하는 이념적 정체성의 상충과 이익의 상충이 서로 밀접히 연관되어 있기 때문에 양자를 동시에 풀어나가는 방법이 가장 이상적이라 할 수 있다.[11]

첫째로, 남북한 간의 이질적인 두 이념과 체제를 포용할 수 있는 '제3의 대안'이 존재한다면, 그리고 서로의 체제개혁을 통해 이데올로기적 체제의 상용성(compatibility)이 증대한다면 그만큼 쌍방 간의 화해 가능성 및 통합 가능성이 증대할 것이다. 아니 그 이전에 서로의 체제를 상대화하고 체제적 관용성만 지닐 수 있다면, 그리하여 이데올로기적 정체성에 대한 위협이 감소하기만 해도 화해로의 물꼬는 트일 수 있을 것이다.

둘째로, 만약 남북한 간에 이익의 상충성으로 인한 갈등을 해결할 수 있는 기제가 마련될 수 있다면, 그리고 이를 통해 상호간에 '이익의 상보성'(interest complementarity)이 증대된다면 그만큼 쌍방 간의 화해 가능성 및 통합 가능성은 증대될 것이다.

한편, 이데올로기 정체성의 상충으로 인한 장기적 갈등의 해결기제로서 우성대 교수는 수렴이론과 민족주의, 그리고 사회민주주의를 제시하고 있다. 즉 체제통합이론으로서의 수렴이론과 체제통합이념으로서의 사회민주주의와 민족주의이다. 그리고 이익의 상충으로 인한 장기적 갈등의 해결기제로 결사체모델을 제시하고 있다. 즉 사회

---

11) 우성대, "남북한 갈등해결 메커니즘," 『21세기의 남북한 정치』(심계 이상민 교수 정년기념논문집), 서울: 한울아카데미, 2000, 457.

적 코프라티즘, 협의민주주의, 신연방주의기제를 통해 적대적인 두 집단 간의 정치적·경제적·군사안보적 갈등을 함께 이기는 방식으로 조정해 나가자고 주장한다.

민족주의는 공통의 고유한 문화를 갖고 존재하는 "비교적 큰 규모를 지닌 자의식 공동체로서의 민족집단이 민족자결의 원칙에 입각하여 대외적 독립과 대내적 통일, 그리고 민족집단의 발전을 지향하는 신념체계 및 그 운동"이라 정의할 수 있다. 결국 민족주의는 독립과 자립의 이데올로기요, 통합과 통일의 이데올로기이며, 동시에 민족적 발전의 이데올로기인 것이다.

"우리의 민족주의와 함께 그 민족주의 이념과 접합되는 체제 이데올로기에 주목해야 한다. 남북한의 양 체제가 각각 체제개혁을 통해 체제적 친화력을 증대시킨다면 체제적 이질성으로 인한 분열성은 상당 부분 완화될 수 있을 것이며, 이에 비례하여 그만큼 민족적 통합력은 큰 힘을 발휘할 수 있을 것이다. 물론 남북 양측의 체제를 변증법적으로 종합한 '제3의 체제'가 존재하며 남북 양측이 모두 체제개혁을 통해 이 제3의 체제로 수렴한다면 민족주의의 통합력은 극대화될 수 있을 것이며, 이 민족적 통합력을 토대로 민족의 염원인 통일민족국가를 수립할 수 있을 것이다. 그러면 실제로 남북한 양 체제의 장점만을 종합한 제3의 체제는 현실 속에 존재하는가? 필자는 존재한다고 생각하는데 그것은 바로 스웨덴의 사회민주주의 체제이다. 따라서 필자는 스칸디나비아의 스웨덴에서 꽃피워온 사회민주주의가 남북한의 체제통합이념이 되어야 한다고 생각한다. … 한국의 민족주의가 스웨덴식의 사회민주주의이념과 결합한다면 남북한의 이념적 상극성으로 인한 체제적 원심력을 제어함으로써 정치통합을 위한 민족적 구심력을 확보할 수 있을 것이다. 그러면 민족주의의 극대화된 통합력을 토대로 남북한 간의 평화적인 정치통합이 실현될 수 있을 것이다. … 우리는 평화적 통일을 위해 우선 스웨덴식 사회민주주의 이념을 한국적으로 수용하기 위해 노력을 경주해야 한다. 그런데 사회민주주의적 복지국가이념을 한국적 현실에 수용하고 이를 토대로 남북한 간의 체제통합을 모색함에 있어 염두에 두어야 할 것은, 다행스럽게도 그러한 통합적 요소12)가 한국 민중의 정치문화와 정치운동의 근저에 깊숙이 자리를 잡아왔다는 사실이다."13)

필자는 비교적 긴 문장을 인용하였다. 이는 스웨덴 모델, 즉 스웨덴식 사회민주주의 이념의 한국적 수용에 대한 현실적 문제를 논의하기 위함이다. 스웨덴 사회민주주의 이념의 한국적 수용의 필요성에 대한 위 인용문의 낙관성은 다음과 같은 문제들을 고려해야 한다.

첫째, 스웨덴의 사회민주주의는 독특한 스웨덴 정치문화, 즉 노동운동과 사회주의운동 간의 '역사적 타협'의 산물이다. 스웨덴은 가톨릭이라는 종교의 사회적 역할과 일체감, 자립적인 농민의 존재, 산업화 과정에서 노사 간의 합의와 정부 간섭의 배제 노력이 있었으며, 이를 통해 '점진적 사회주의'라는 목표의 수용이 가능하였다.

둘째, '남북한의 체제이념이 스웨덴식의 '제3의 체제'로 수렴이 가능한가?'라는 인식상의 문제점을 지적하고자 한다. 남북한의 이질적인 두 체제와 정치권력 구조, 그리고 정치권력층의 속성으로 볼

---

12) 우성대 교수는 본래 한국의 전통사상은 양 극단을 배제하는 '조화'(調和)와 '중도'(中道)를 그 핵심으로 언급하고 있다. 그 예로써, 홍익인간을 표방하는 단군사상, 선교(仙敎)의 포일수중(抱一守中), 불교의 원융회통(圓融會通)과 허무(虛無)의 중도사상, 유교의 중용(中庸)사상과 음양조화(陰陽調和)사상 등을 지적하고 있다. 이와 같은 조화와 중도의 이념은 면면이 이어져 일제 강점기의 신간회운동, 조소앙의 삼균주의(三均主義), 해방정국에서의 건준(建準)과 좌우합작운동으로 나타났다고 주장한다. 같은 글, p.471.

13) 같은 글, pp.469-471.

때 이에 대한 가능성은 전무하다고 여긴다.

셋째, 현재 한국의 정치문화와 정치운동에 대한 냉철한 고찰이 필요하다. 남북한은 여전히 비민주적인 정치체제를 운영하고 있다. 그리고 통일에 대한 사회적 합의 도출은 더욱 어려운 현실이다. 이를 극복하기 위한 하나의 대안으로서의 민족주의는 그 이념 자체만이 논의되는 경우가 극히 드물다. 주지하다시피 민족주의는 다른 이데올로기들과 결합, 천의 얼굴을 갖는다. 민족주의가 외형적으로 동태화될 때 이를 민족주의 운동이라 하는데, 따라서 민족주의는 그 속에 이념과 운동을 동시에 포용하고 있다는 것이다, 따라서 격렬한 운동성을 지니는 민족주의는 이데올로기인 동시에 사회변동을 주도하는 정치·사회운동인데, "그러므로 민족주의를 포괄적으로 파악하기 위해서는 사상사적 관점뿐만 아니라 운동사적 관점이 아울러 요구된다."는 것이다.14) 여기서 민족주의를 정확하게 이해하는 방법은 그것이 외부로 표출될 때, 동태화되는 운동과 함께 고찰되어야 한다는 것이다.

필자는 다른 글에서 우리가 형성해야 할 바람직한 민족주의는 문화, 정신, 정체성을 바탕으로 민족의 생존과 번영을 위한 단합의지, 분열된 정신의 회복, 우리 문화에 대한 반성의 논리 그리고 세계화·정보화라는 새로운 기회에 적극적으로 대처하고 미래에 대한 비전을 개념적 내용으로 하는 '문화 민족주의', '한민족주의'로 명명한바 있다. 이는 '문화'라는 말의 의미에는 정신·정체성을, 그리고 '한'韓이라는 말 가운데에는 이미 문화·정신·정체성의 개념을 담고 있기 때문이다.

---

14) 임지현, 『민족주의는 반역이다』, 서울: 소나무, 1999, p.24.

민족주의와 통일의 개념적 상관성에 관해 황병덕은 "통일의 기본 이념은 민족주의라고 할 수 있다. ... 따라서 민족주의는 한반도에서 통일국가 수립을 위한 이념은 물론, 통일 후 민족국가가 지향하는 기본 이념이 되어야 한다. 그러나 통일조국의 이념적 좌표로서 민족 주의는 자유, 복지, 인간의 존엄성 등으로 구성되어 있는 민족복리 라는 보편적 가치를 추구하는 한편, 다른 민족과의 이해를 평화적 방법을 통해 합리적으로 조정해 나가는 국제주의를 지향하는 개방 성을 지니고 있기 때문에 '열린 민족주의'라고 지칭할 수 있다."[15] 라고 하여, '열린 민족주의'를 제시하고 있다.

분단극복과 통일과정에서 민족주의의 역할이 무엇보다 중요하다 는 점에 대해 필자는 전적으로 동의한다. 그러나 그것은 민족주의가 이념에서 실천운동으로 진행될 때 효력을 발휘할 수 있다.[16]

나아가 황병덕은 통일조국의 체제 이념은 정치적 민주주의를 기 반으로 사회적 민주주의를 지향해야 한다. 그러나 이 체제 이념인 사회적 민주주의는 '국가중심적 사회적 민주주의'가 아니라 '사회중 심적 사회적 민주주의'가 되어야 한다는 것을 제안하고 있다. 여기 서 제시된 '사회중심적 사회적 민주주의'란 곧 '시민 민주주의' 내지 '참여 민주주의'의 개념을 내포하고 있는 것으로 보여진다. 이는 결 국 사회민주주의라는 이념적 요소의 도입을 제기한 것이기도 하다. 그러나 '하나'의 이념과 체제의 고집과 집착에서 벗어나 대승적 차 원에서 민족이 화합하고 나아갈 수 있는 '제3의 길'에 대한 사유의 확대만이 그 해결책이 될 수 있을 것이다.

---

15) 황병덕, "통일조국의 이념," 구영록·임용순 공편, 『한국의 통일정책』, 서울: 나남, 1995, p.310.

16) 민족주의와 통일, 한민족 통합과 관련된 자세한 논의는 이 책 제2장을 참조하시오.

IV. 결론: 한국형 '제3의 길'을 찾아서

스웨덴 모델은 그 특성이 자본주의와 사회주의라는 두 체제의 특성을 성공적으로 결합하여 운영해왔다는 점 때문에 '제3의 길'로 평가되곤 하였다. 즉 경제의 운영은 자본주의적으로, 사회의 목표는 사회주의적으로 나아가고 있다.

첫째, 스웨덴 모델은 다양한 이데올로기적 스펙트럼을 조화롭게 운영하고 있는 특성을 보인다. 그러나 우리 사회는 오랜 분단과 냉전적 사유의 산물로 이데올로기에 관한 한 지나치게 경직화되어 있다. 이를 극복하기 위한 방편으로 이데올로기의 다양성을 인정하고, 이데올로기에 대한 강박관념에서 자유로워질 수 있다는 발전적 측면에서 스웨덴은 우리에게 하나의 모델을 제공할 수 있다. 즉 스웨덴의 정당체계는 전통적으로 '좌'에서 '우'라는 이념적 스펙트럼에 따라 5개 정당이 의회에서 생산적으로 경쟁하였다. 그러나 1980년대 초 녹색당과 신생 정당들이 의회 진입에 성공함으로써, 이후 7~8개의 정당으로 더욱 다원화되는 모습을 보이고 있다. 즉 통일 한국의 정당은 이념과 정책의 차별화로 인한 스펙트럼의 구조가 좌익당 내지 공산당, 사민당(민사당 내지 민주노동당), 자유당 내지 진보당, 보수당, 우익당의 형태로 나아갈 가능성이 있다. 그러나 통일 후 정당의 세력분포는 이념적 요인과 지역적 요인이 교차하는 가운데 나타날 것으로 예상되기 때문에 이념적 스펙트럼만을 기준으로 정당 간의 세력분포를 예상하는 것은 적절하지 않다.[17]

둘째, 스웨덴 모델은 세금정책과 복지정책의 운영에 있어서 통일

---

17) 박종철, "통일한국의 갈등과 정치·사회적 통합: 정치제도와 사회적 갈등해결 메커니즘," 『통일이후』, 2004년 여름호(통권 7호).

한국의 체제형성에 기여할 수 있다. 즉 남한의 자본이 북한의 노동을 보조 혹은 보충함이 불가피하고, 따라서 세금정책에 의한 복지의 제공(연금, 노동자의 재훈련 프로그램 등)은 스웨덴의 사회보장이 유익한 경험이 될 수 있다. 통일한국의 행복을 위해서 우선적으로 남한 사회에서 보편적 복지국가의 확대 필요성이 절실히 요구된다. 여기서 '보편적'이란 관대한 복지와 재분배적 요소의 강조로 볼 수 있다. 김대중 정부가 제시한 '생산적 복지'는 우리 사회의 현실로 볼 때 그 내용과 방식에 있어서 신자유주의적 요소가 강하다.

셋째, 공공부문의 확대와 누진적 세제개혁을 점차 늘려 나가야 한다. 복지국가는 공공부문의 확대를 가져오게 되며, 복지재정은 그 필요성에 대한 사회적 합의와 조세정의에 의해서 건전해질 수 있다.

넷째, 스웨덴 모델은 안보와 평화의 바탕 위에서만 존재할 수 있다. 스웨덴은 두 차례의 세계대전에도 불구하고 중립정책을 외교안보의 기본으로 삼아왔다.

마지막으로, 남녀평등과 인권의 보장에 대한 노력, 공공행정과 정부의 투명성 등이 요구된다. 이는 결국 스웨덴 모델이 가장 민주적인 사회에만 적용 가능하기 때문이다.

스웨덴 모델은 국가가 나아가야 할 방향과 목표에 대한 '사회적 합의'에 기초하여 안정된 민주주의를 통해 '건강한 사회'(strong society)를 건설하려는 노력이며, 그 목표는 자유와 평등이 조화된 새로운 '사회주의'이다. 이를 위해서 스웨덴은 복지국가 건설에 전념하고 있다. 복지국가는 미래를 위한 생산적 투자이며, 통일한국을 준비하고 통일 이후의 사회적 통합과 안정성을 확보하기 위한 기제(mechanism)이다. 복지국가의 확대는 사회의 분열과 갈등을 조화하는 사회통합의 기능과 함께 사회적 위기에 슬기롭게 대처하는 사회

안전망(social safety net)으로서의 구실을 한다.

'제3의 길'에 대한 이상은 어느 시대에나 존재하였고, 미래의 인간사회에도 계속될 수밖에 없는 길이다. 따라서 현실적으로 우리 사회가 추구해야 할 '제3의 길'은 보편적 복지국가의 확대일 수밖에 없다. 자유와 평등의 조화, 인권과 생태에 대한 존중, 평화와 공동체에 대한 책임과 의무, 이것이 우리가 추구해야 할 '제3의 길'의 참모습이 아니겠는가? 그러나 명칭은 녹색사민주의[18]든, 사회민주주의 혹은 민주사회주의, 공동체 민주주의 등 그 무엇이어도 좋다.

관대한 보편적 복지국가 건설 노력은 한민족의 미래를 위한 투자다. 복지국가는 우리 사회에 내재된 분열을 조화롭게 하는 사회통합 (social integration)의 기능을 하며, 통일 후 발생할 수 있는 새로운 사회위기를 극복하는 사회안전망으로서의 역할을 한다. 스웨덴은 몇 차례에 걸친 경제위기와 이로 인한 사회적 분열을, 그리고 핀란드는 1990년대 초 소련 붕괴로 인한 이념적·경제적 충격을 안정된 복지 국가로 극복할 수 있었다.

일반적으로 스웨덴의 복지정책은 높은 조세수입, 합의적 노사관계를 통한 노동시장의 안정성, 복지 및 재분배정책에 대한 사회적 합의(social consensus), 일관성 있고 민주적인 정치 등을 바탕으로 국민들에게 관대하고 보편적인 복지서비스를 제공하고 있다. 이처럼 스웨덴에서는 '가족친화적'(family-friendly)이면서도 '노동친화적'(work-friendly)인 사회보장을 통해 '건강한 사회'(strong society) 라는 그들의 희망을 위한 노력이 계속되고 있다. 그럼에도 불구하고 스웨덴은 세계화와 정보화로 인한 국내외적 환경변화로 인하여 사

---

18) 유팔무는 남한 내 민중운동과 시민운동의 연대를 통한 '녹색 사민주의'의 형성 혹은 세력화를 대안으로 제시하고 있다. 유팔무, "한국에서 제3의 길은 가능한가," 『역사비평』, 1999년 여름호.

회정책의 대전환을 시도하고 있다.[19] 그렇지만 복지국가에 대한 기본적 인식 및 국민들의 지지는 여전하다. 결국 복지의 이념은 평등을 지향하는 사회에서 분리될 수 없는 것임을 알 수 있다.

그러나 현재의 남북한에는 이러한 여건이 전혀 조성되어 있지 못하다. 따라서 우리 사회에서부터 복지에 대한 인식의 공유를 바탕으로 미래에 대한 준비가 본격적으로 시작되어야만 한다. 이를 위해서, 우리 사회는 급진적인 과세의 강화보다 과세형평화 작업이 선행되어야 하며, 노동시장의 안정화와 노동운동의 민주화 노력, 시민사회의 확대 및 공고화 노력, 정당의 다원화와 민주화, 이념·정책정당의 등장 및 다양한 이념의 확산, 종교 간의 화해 등이 가능한 사회로 전환되어야 한다.

제3의 길은 모든 인간이 추구하는 이상향을 찾으려는 시대의 산물이며, 동시에 새로운 것을 찾으려는 인간의 변증법적 사유체계의 한 형태로 볼 수 있다. 이러한 측면에서 우리는 통일이라는 역사적 과업을 통하여, '인간의 얼굴을 한 새로운 체제'로 나아가기 위한 제3의 길 논의를 멈추어서는 안 된다. 통일은 결국 '제3의 길'을 찾아가는 과정이다. 독일의 통일과정에서 그리고 통일독일에서 사회적 모순을 개혁할 기회를 놓쳐버렸다고 한탄하는 지식인들의 말을 깊이 되새겨야 한다. 이러한 노력은 피할 수 없는 우리 시대의 요구이자, 미래 세대에 대한 영원한 책임이다.

---

19) 스웨덴의 사회정책 전환에 관한 자세한 논의는 이헌근, "세계화와 사회정책의 전환," 송호근 편, 『세계화와 복지국가: 사회정책의 대전환』, 서울: 나남, 2001 참조.

참고문헌

박종철, "통일한국의 갈등과 정치·사회적 통합: 정치제도와 사회적 갈등해결
　　메커니즘,"『통일이후』, 2004년 여름호(통권 7호).

이헌근,『제3의 길로서의 스웨덴 정치』, 부산: 부산대학교 출판부, 1999.

_____,『현대 유럽의 정치: 그 이상과 현실』, 부산: 신지서원, 2000.

_____,『북한의 이해와 한민족 통합』, 부산: 신지서원, 2000.

_____, "세계화와 스웨덴 사회정책의 전환," 송호근 편,『세계화와 복지국가:
　　사회정책의 전환』, 서울: 나남, 2001.

임지현,『민족주의는 반역이다』, 서울: 소나무, 1999.

우성대, "남북한 갈등해결 메커니즘,"『21세기의 남북한 정치』(심계 이상민
　　교수 정년기념논문집), 서울: 한울아카데미, 2000.

황병덕, "통일조국의 이념," 구영록·임용순 공편,『한국의 통일정책』, 서울:
　　나남, 1995.

Part 4

북한, 통일 그리고 한민족 미래전략 담론

Ⅰ. 서론

금융위기, 식량위기, 에너지위기 그리고 지구온난화 등으로 인한 예측할 수 없는 환경위기 등 어쩌면 과학의 발전을 과신해온 21세기 인간은 역설적으로 '만성적 불확실성의 시대'에 살아가고 있다. 또한 양극화 시대, 넘치는 정보와 지식의 네트워크에도 불구하고 소통 부재의 시대, 열린 담론 부재의 시대를 살아가고 있다. 이제 21세기 한민족의 미래와 관련하여 우리의 현실을 직시하고 미래를 준비하는 담론을 시작해보고자 한다.

위기와 기회는 항상 함께 한다. 위기를 위기로 제대로 인식할 수 있을 때에만 위기를 슬기롭게 기회로 반전시킬 수 있다. 하물며 기회를 기회로 알지 못하면 그 민족에게 미래는 없다. 현재의 우리는 어떠한가? 긴박한 국제환경의 변화에 슬기롭게 적극적으로 대처하고 있는가? 현실을 직시하는 정확한 눈을 가졌는가? 아울러 올바른 현실인식을 통해 미래를 동시에 볼 수 있는 시각과 생각의 패러다임이 존재하는가? 나아가 희망과 미래에 대한 비전으로 가슴이 뛰고 있는가?

우리의 미래와 희망을 생각할 때 가장 먼저 해결해야 할 과제는 단연 분단과 통일일 것이다. 그럼에도 불구하고 최고의 고민 가운데서도 으뜸인 이 주제에 대한 우리 사회 내의 치열한 담론은 보이지 않는다. 이는 분단과 전쟁 그리고 냉전으로 인한 오랜 이념·체제 경쟁이 낳은 사고와 담론의 경직성에 기인하리라.

이 땅에 사는 우리는 북한 문제를 해결하지 않고 대한민국은 영원히 평화로워질 수 있는가? 번영할 수 있는가? 행복할 수 있는가? 자유로워질 수 있는가? 북한 문제의 궁극적 해결은 무엇인가? 통일만이 유일한 길인가? 통일을 위해 무엇을 준비해야 할 것인가?

분단으로 인해 한반도는 섬 아닌 섬이 되어 있다. 대륙으로 나아가기 위해서 반드시 통일과 중국·러시아를 활용해야 세계사의 주역이 될 수 있음이 우리의 숙명적 과제이다.

이 글은 한민족이 향후 운명적으로 담론을 통해 소통해야 할 문제 제기에서 비롯된다. 우리의 미래와 희망을 위해 열어야 할 담론의 공간은 '북한, 통일, 마침내 평화'라는 키워드가 될 수 있을 것이다. 우리의 아픔, 간절함을 넘어 마침내 소원이 이루어지는 그 날을 향해 담론의 일단을 시작할까 한다.

Ⅱ. 패러다임 전환과 북한 그리고 통일 담론

1. 담론 1: 북한을 보는 시각

'북한은 왜 붕괴하지 않는가?' 그리고 '붕괴해서 안 될 이유들은 무엇인가?'에 대한 의문에서 북한을 바로 볼 수 있어야 한다. 근본적으로 북한을 보는 시각이 다양해질 때, 우리의 사고와 미래의 통일 과정 역시 당위의 편협한 사고에서 자유로워질 수 있다.

1990년대 구소련 및 동유럽 사회주의 국가들의 해체 과정, 즉 자유화 민주화 과정을 지켜보면서 북한의 붕괴 시나리오에 관한 연구들이 쏟아져 나온 적이 있었다. 그리고 최근 북한 지도자 김정일의 건강과 관련하여 또 다시 북한의 미래와 한반도 통일에 대한 논의가 관심사로 등장하게 되었다.

20세기 말부터 지금 이 순간까지 북한은 세계사의 큰 소용돌이 한 가운데 놓여있다. 1980년대 후반 이후 세계사를 뒤흔든 사회주의권의 대변혁, 구체적으로는 동유럽의 자유화·민주화, 독일통일과 소비에트 연방의 해체, 북한 핵문제와 미사일문제로 인한 국제사회에서의 고립과 6자회담 등 체제위기와 경제위기로 생존의 기로에 놓여 있었다. 내부적으로는 김일성 사망 이후 본격화된 식량위기와 에너지난 등 심각한 경제위기를 고난의 행군으로 버텨왔고, 또한 두 차례에 걸친 남북정상회담과 개성공단 가동 및 금강산 관광 등을 통한 대남협력과 경제적 지원은 이러한 위기를 버티는 힘으로 작용하였다. 그리고 최근에는 시장경제의 도입으로 미미하지만 북한 주민들의 생존력과 생명력을 키우는 결과를 낳고 있다. 역설적이지만 시장화가 북한의 체제유지에 기여하고 있다는 점에 주목할 필요가 있다.[1] 1990년대 중반 이후 경제난·식량난이 본격화되고 고난의 행군을 죽음으로 이겨내며 북한은 어쩔 수 없이 시장경제의 메커니즘을 수용하게 되었다. 이제 북한 주민들은 위기에 대한 면역력과 동시에 생존력 혹은 적응력이 강화된 것으로 볼 수 있다. 2008년 현재 세계적인 식량가격 폭등 등 여전히 절대적으로 부족한 식량으로 북한 주민들이 버텨가고 있지만, 지난 세월과 같은 대규모 아사자의

---

1) 임수호, 『계획과 시장의 공존: 북한의 경제개혁과 체제변화 전망』, 삼성경제연구소, 2007.

발생은 면하고 있음도 이러한 점을 증명한다고 할 것이다.

북한은 한민족 평화와 번영을 위해 함께 가야 할 숙명적 동반자이다. 때로는 불편하고 야속한 관계이기도 하지만, 우리 모두의 행복을 위해 저버릴 수 없는 '한 몸'과 같은 존재이다. 통일은 우리의 현실이자 미래에 관한 문제인 동시에, 민족 번영과 평화를 위한 희망의 문제이기도 하다. 그럼에도 불구하고 우리 사회에는 통일에 대한 담론이 점차 사라지고 있고, 시간이 흐를수록 그 관심은 더욱 낮아질 것이다. 통일문제에 무관심하거나 불필요하다고 생각하는 젊은층, 북한의 붕괴가 통일을 앞당길 것이라고 생각하는 보수진영 혹은 기성세대들, 무조건 통일만이 살 길이라는 진보진영의 통일론자들, 소리는 없으나 실재로는 존재하는 어떤 경우든 통일을 원치 않는다는 기득권 세력과 반통일세력, 막연한 경제적·심리적 부담감으로 인한 통일부담론자들인 대다수 시민들의 수가 점차 많아지고 있다. 따라서 막연한 통일에 대한 공포감, 부담감 그리고 통일의 가치와 가능성에 대한 무지함에서 오는 반대를 줄여나가고, 오히려 통일이 한민족의 희망과 가능성을 열어 나갈 수 있는 미래 공간임을 깨달아야 한다.

따라서 북한과 통일에 대한 담론이 확산되고 가치가 공유되는 사회적 현상은 바람직하다. 단, 의도적인 노력에 의한 담론은 지양되고 자연스러운 논의들이 사회적으로 확산되고 공감대가 형성되어야 한다. 최근 북한 선진화 논의, 북한 경제개발 논의, 북한 민주화와 인권 논의[2] 등 다양한 논의들이 사회 일각에서 제기되고 있다. 냉전시기 이분법적이고 다소 흑백논리적인 이념·체제논쟁에서 일부 진

---

2) 허만호, 『북한의 개혁 개방과 인권』, 서울: 명인문화사, 2008.

일보한 것은 사실이지만, 현재로서는 특정한 잣대로 북한을 평가하고 때로는 인권 논의 등으로 인한 자극이 오히려 역효과를 낼 수 있다. 그런 면에서 현재의 북한 논의는 북한을 바라보는 시각의 확산, 열린 마음으로 북한을 수용할 수 있는지 우리 스스로를 돌아봄, 나아가 북한과 통일에 대한 우리 내부의 미래지향적이고 희망적인 가치공감대 형성을 위한 사회적 합의가 선행되어야 한다. 불행스럽게도 우리 여전히 진보와 보수, 뉴 라이트와 선진화 논의 등 자유로운 담론의 자세도 갖추어지지 못하고 있어서 안타까운 형국이다.

지난 10년 간 북한의 변화를 새롭게 인식하고, 그 가능성과 한계를 성찰할 수 있는 안목이 요구된다. 북한이 중국처럼 경제적 성과를 거둘 수 없었던 이유는 다음과 같이 분석할 수 있다. 첫째, 지도자의 리더십 부재의 이유다. 지난 세월 북한과 중국은 폐쇄사회·명령·계획경제라는 공통점에도 불구하고 '우물 안 개구리' 지도자(김정일)를 가진 점이 북한이 불행한 가장 큰 원인이라 할 수 있다. 둘째, 김일성이라는 뛰어난 리더십 소유자의 역량에 의존했던 북한 사회의 무능과 신격화된 유일사상에 의한 마비현상을 들 수 있다. 요컨대 경제위기와 식량위기 속에서, 심지어 아사 직전 상황에서도 지도자가 혹은 당에서 모든 것을 해결해주리라 기대했던 북한 주민들의 무대응은 결국 대량의 아사자를 낳은 비극을 초래했다. 이는 북한이라는 사회의 독특한 면을 설명하는 적절한 예가 될 수 있다. 셋째, 유일체제와 명령경제에 물든 북한 주민의 자주적 사고와 행동능력 부재를 경제실패의 원인으로 지적할 수 있다. 넷째, 북한의 국제적 고립이 경제위기의 원인 가운데 하나이다. 북한 지도부는 미사일과 핵을 통한 체제유지 혹은 체재생존의 전략을 선택하였고, 그 결과 당초의 목표인 체제는 근근이 유지가 되고 있지만 여전히 어려움에 직면하고 있다. 이는 결국 근시안적 선택이었고, 결과적으로 주민들의 어려움을 가속화시켰고, 따라서 향후 북한 체제는 더 큰 위기에 직면할 수 있을 것이다.

북한은 세계사의 흐름을 읽지 못하는 지도자, 생존전략으로서의 북한 핵과 미사일, 그리고 이로 인한 국제사회에서의 고립, 내부적으로는 폐쇄적 사회구조와 관료주의의 병폐, 경제적 기반산업과 기술 부족, 그리고 주민들의 심리적 쇠퇴 등 많은 한계를 지니고 있다. 이에 반해 북한의 가능성은 중국의 자원과 시장, 남한의 기술과 경제협력·투자, 북한의 자원과 노동력, 그리고 시장경제 도입으로 인한 주민들의 생존의지 등이 주목할 만한 내용들이 될 것이다.

이상의 논의에서 지난 10년 간 북한은 피할 수 없는 세계사의 흐름에 비록 느린 속도지만 함께 하고 있다는 점에서 북한의 가능성을 찾고자 한다. 시장화와 개혁·개방의 필요성 그리고 인민들의 욕구 증대, 생존의지와 방법 자각 등 새로운 가능성을 죽음의 경험을 뛰어넘어(beyond death) 찾고 있다. 북한의 변화는 경제에서 시작되어 당을 비롯한 관료조직으로, 그리고 마지막으로 군대로의 변화과정을 겪게 될 것이다. 우리는 이러한 북한의 변화, 그 가능성과 한계를 정확히 성찰하고 미래를 위한 준비에 지혜를 모아야 할 때다. 다음은 북한의 현실을 직시할 수 있는, 그리고 다양한 시각으로 남북한의 현실을 읽을 수 있는 글이라 생각하여 인용한다.

"심화된 남북의 국력격차와 북한에 불리하게 전개되는 국제정세, 그리고 파탄지경의 경제로 인해 북한은 흡수통일과 북침의 공포증에 시달리며 생존전략을 추구하고 있습니다. 그런데 우리는 북한의 능력을 과대평가해왔습니다. 물론 자살적 공격능력을 보유하고 있는 북한을 결코 과소평가해서는 안 되겠지만, 과대평가는 더 큰 문제입니다."3)

2. 담론 2: 통일을 생각하는 방법론

'왜 통일을 해야 하는가?' 이는 곧 통일의 당위성·보편성을 의미할 것이다. '어떤 통일을 이룰 것인가?' 이는 통일의 과정과 내용을 포괄한다. '어떻게 통일을 이룰 것인가?' 이에는 통일의 과정과 체제를 함께 담아야 할 물음이 될 것이다.

특히 '왜 통일을 해야 하는가?'라는 물음은 우리만의 것이 되어서도 안 되며, 세계적으로 공감대를 형성할 때 진정한 통일의 가치는 배가될 것이다. 따라서 이 문제는 국제적인이고 세계사적인 '한반도 통일을 위한 지구적 시각' 공유를 위한 노력이 담론화되어야 하고, 우리는 이를 민족번영과 통일, 평화를 위한 전략으로 삼아야 한다. 한반도 분단체제 극복은 진정한 의미에서 냉전체제의 종식과 인류의 화해과정이며, 동북아 평화는 물론 세계평화의 첩경이라 할 수 있다. 이와 관련하여 백낙청 교수는

"분단체제의 극복은 단순한 분단 극복과 구분되어야 합니다. 어떤 식으로든 통일만 하면 분단은 극복되겠지만, 남북분단을 통해 형성된 현실보다 더 나은 체제를 한반도에 건설할 때 비로소 분단체제는 극복됩니다. 경우에 따라서는 국토분단만 사라졌을 뿐, 반민주적이고 비자주적이며 국민통합이 제대로 안된 사회는 그대로 남을 수 있다는 거지요."4)

---

3) 임동원, 『피스메이커』, 서울: 중앙북스, 2008, p.165.

4) 백낙청, "한반도 통일을 위한 지구적 시각을 찾아서," 김누리·노영돈, 『통일과 문화: 통일독일의 현실과 한반도』, 서울: 역사비평사, 2003, p.35.

통일의 당위성에 대한 확고한 신념 공유가 절대적 필요조건이며, 이는 통일 이전에 철저히 준비해야 할 어쩌면 한민족에 있어 숙명적 과제라 할 것이다. 통일의 당위성 확보는 때가 있는 것이며, 그 시기를 놓칠 경우 엄청난 혼돈과 또 다른 심리적·경제적 손실을 가져올 수 있다.

1990년 독일 통일의 경우에서 보았듯이, 세계사의 흐름은 때로는 인간의 예측과 상상력을 뛰어넘는 것임을 인식해야 한다. 우리의 통일 역시 언제 어떻게 우리에게 다가올 수 있음을 염두에 두고, 모든 가능성에 대비해야 한민족의 미래를 밝힐 수 있다. 그렇지 않으면 또 다시 역사의 패배자로서 비극의 주인공이 될 수 있음을 자각해야 한다.

한편, 통일과 관련하여 주목할 사실 가운데 하나는 통일이 민족 화합과 번영의 수단이어야지, 목적이 되어서는 안 된다는 점이다. 서독의 브란트(Willy Brandt) 수상은 통일을 준비하면서 "접근을 통한 변화!"라는 구호를 내세웠다.

"빌리 브란트는 긴장완화 정책을 추진하기 시작했을 때 가능한 한 통일이라는 단어를 쓰지 않았습니다. 그 대신 '작은 발걸음 정책'이라고 표현했지요. 이것이 동독과 서독 사람들이 다시 접근하는 데 도움을 주었습니다. 브란트는 언제나 어려움을 겪고 있는 사람들, 난관에 처한 사람들을 돕는다는 것을 정책의 중심으로 삼았습니다."[5]

통일이라는 궁극적 목표를 설정해놓고 통일에 관한 논의를 시작하는 것은 좋지 않다. 지금은 통일보다 평화를 강조하고 분단체제의 주어진 여건 아래 최대한 화해와 교류를 추구할 단계다.

---

5) 김누리·노영돈, 『통일과 문화: 통일독일의 현실과 한반도』, 서울: 역사비평사, 2003, pp.244-245.

'어떤 통일이어야 하는가?' 쉽지 않은 담론의 주제이지만, 독일의 그라스(Günter Grass)의 고뇌를 소개하며 필자의 견해를 덧붙이기로 한다. 그는 영토에 기초한 민족국가 형태의 통일에 반대하며 국가연합제(Confederation)의 다양성 안에서 문화민족으로 남는 것, 즉 강제성 없이 독일 문화의 다양성을 통합하는 두 국가 사이의 자연스러운 통합을 주장했다. 국가연합제를 주장한 이유 가운데는 "문화국가로서 국가연합제는 갈등을 해소시키는 그 존재로 인해 전세계에 펼쳐져 있는 서로 상이하지만 유사한 갈등들, 한국과 아일랜드, 키프로스 그리고 중동의 갈등들, 즉 국가주의적 행동이 공격적이 되어 국경을 설치하고 또 확대하려고 하는 곳 어디에서나 문제해결을 위한 모범이 될 수 있을 것이다."라는 놀라운 내용을 담고 있다. 비록 독일 통일과정에서 그라스의 바람은 이루어지지 않았지만, 이는 우리의 눈과 귀를 밝게 해줄 지혜라고 생각한다. 한민족의 통일과정이 세계사의 화해 모델로서, 세계평화 이정표로서의 의미가 있음을 자각해야 한다. 이는 전범국 독일의 분단과 동서냉전에 의한 세계사적 분단국인 우리와는 분단과정과 분단극복의 의미가 지극히 다르기 때문이다.

그라스가 국가연합을 서독체제로의 일방적 흡수를 위한 단계가 아니라 동·서독 두 체제의 동시적 변혁을 위한 기회로 활용해야 한다고 본 점에 주목해야 한다. 즉 통일을 서독의 '잘못된 자본주의'와 동독의 '잘못된 사회주의'를 변증법적으로 지양할 수 있는 기회로 보는 그라스의 시각은 우리 입장에서도 눈여겨봐야 할 대목임에 틀림없다.6)

---

6) 같은 책, p.179.

그럼에도 불구하고 '어떤 통일을 할 것인가?' 어쩌면 그것은 얼마나 철저하게 통일을 준비하느냐에 달려있다. 따라서 분단을 고착화시키는 현상유지적인 평화체제가 아니라 통일을 지향하는 평화체제가 될 수 있도록 남북한이 사전에 긴밀히 협력하고 신뢰를 쌓아가야 한다. 나아가 우리가 이룩해야 할 평화는 통일지향적 평화, 동아시아 및 세계 평화로 가는 적극적이고 미래지향적인 평화, 인류의 희망과 염원을 담을 수 있는 평화이었으면 한다.

결국 한민족의 평화구축과정은 동북아는 물론, 나아가 평화를 갈구하는 모든 세계인들에게 평화에 대한 보편적 가치와 바람직한 평화체제모델을 제시하는 것을 의미한다. 우리의 건국이념과 건국목표인 '홍익인간弘益人間 이화세계理化世界'라는 상생相生과 대동大同의 철학이 동북아 평화체제 구축의 기본이념과 철학이 될 수 있도록 하자. 이를 위해 우리는 세계 최고의 적극적 평화국가, 평화주도국가, 평화지향국가로 거듭나기 위한 국내외적 노력을 한층 기울여야 한다.

평화를 기원하고 평화를 이야기하고 평화를 연구한다고 해서 평화가 이루어지지 않는다. 평화를 실현하는 것은 평화를 진정으로 사랑하는 사람들의 몫이다. 평화의 주체는 우리 모두이고 나 자신이다.[7]

요컨대 현재의 우리에게는 형식적인 종전선언보다 남북한이 함께 번영할 수 있고, 주변국의 지지를 이끌어낼 수 있는 실질적인 평화관리방안 모색이 선행되어야 한다. 이와 더불어 종전선언과 평화협정 체결이 자칫 한반도의 분단영구화를 낳을 수 있음에 유의하고, 이를 막는 남북한의 상호 신뢰와 지혜 모색이 절실히 요구된다. 한

---

7) 이승헌, 『숨 쉬는 평화학』, 서울: 한문화, 2002.

민족 통일은 동북아 협력·번영·평화의 한 부분이 될 때 자연스럽게 우리에게 다가올 것이다.

"우리 독일인들에게 미하일 고르바초프가 도움이 되었듯이, 한국인들이 원하는 통일을 지원하지는 못하더라도 최소한 눈감아 주는 것을 이제 미국 대통령이 해야 할 것입니다. … 독일에서 얻은 제 경험에 비추어 말씀드리면, 통일을 향한 염원과 의지는, 그것이 살아 있는 한 어느 미국 대통령보다 오래 살아남을 것이며, 언젠가 실현될 통일은 한국 국민들에게 잠깐 동안의 기쁨과 함께 지금까지는 알지 못했던 새로운 고민거리를 안겨줄 것입니다."

이와 더불어 판문점 중립국 감시자인 스위스와 스웨덴을 통일과정에서 활용해야 한다. 중립국의 경험과 한민족 통일과정의 후원자, 강대국들의 중재자로서의 역할을 적극적으로 수행할 수 있도록 위상을 높여 나가야 한다.[8]

위기는 곧 기회가 될 수 있다. 북한의 핵실험과 미사일문제는 세계인들의 주된 관심사가 되고 있다. 이제 '우리는 무엇을 할 것인가?' 위기의 해결은 역설적으로 평화에 대한 강조로 가능하며, 따라서 지금은 우리 스스로 평화에 대한 역량을 강화할 수 있는 기회이기도 하다. 한민족이 분단을 극복하고 통일과 번영을 이루기 위해서는 평화에의 강조가 최고의 전략이 될 수 있다. 우리는 평화에 대한 다각적인 노력을 통해서 남북한은 물론, 국제적 공감대를 형성할 수 있을 때, 한민족은 비로소 통일의 소망을 이룰 수 있고, 나아가 자랑스러운 평화국가로 설 수 있다. 이처럼 평화에 대한 강조는 아무리 지나쳐도 국익에 손해가 될 수 없음은 자명하다. 평화의 무기화, 평

---

8) 같은 책, pp.135-136.

화의 전략화는 치밀한 정책수립과 지혜로운 정책집행에 의해 가능하다.

한반도가 속해 있는 동북아 지역은 여전히 가장 강한 세력들이 충돌하는 곳으로 남아있다. 동북아는 일본의 우익정권과 재무장 움직임, 중국의 민족주의(중화주의), 러시아의 부활과 미국의 영향력이 여전히 마주치고 있으며, 더욱 갈등이 첨예화될 개연성이 높다. '왜 평화여야만 하는가?' 그런 까닭에 이곳에서 평화의 기운이 일어나면 세계로 퍼져 나갈 효과는 지대하며, 이는 곧 인류의 희망을 만드는 계기가 될 수 있다. 아시아의 평화는 한반도의 통일의 기운으로 시작되어야 함을 알릴 수 있음은 곧 우리의 희망이기도 하다. 따라서 평화만이 살길이요, 우리의 미래이다. 한반도를 둘러싸고 있는 세력에게, 그리고 북한에게 평화만이 모두가 상생할 수 있는 최고의 길임을 알려 나가는 것이 최고의 첩경이자 최선의 전략이다.

아울러 이제 분단을 활용하고, 국익상승을 위한 중대한 기회가 될 수 있다고 생각해본다. 발상을 전환하며, 그리고 위기를 기회로 잘 활용할 수 있는 지혜가 있다면, 분단은 국제적으로 우리가 국익을 위해 활용할 수 있는 중대한 카드이기도 하다. 분단비용과 안보 위협이 우리를 힘들게 하고, 우리의 외교적 자주성을 때로는 제한하기도 하지만, 분단극복과 통일 그리고 이를 통한 동북아 평화에의 기여를 국제적으로 강조함으로써 우리의 세계 평화에 기여하는 불리하지만은 않은 상황을 얼마든지 만들 수 있다. 이것이 이 시대를 사는 한민족의 과제요, 새로운 창조적 기회 모색이 될 것이다.

Ⅲ. 통일과 평화를 위한 한민족 미래전략

1. 6자회담 관리와 동북아 평화

한민족은 분단의 과정, 분단의 성격 그리고 지정학적 이유 등으로 인해 분단의 극복과 통일의 과정에 있어서 주변국의 직접·간접적 참여가 불가피하다. 그럼에도 불구하고 한민족의 통일이라는 과업과 우리의 지정학적인 위치는 동북아 국가들의 역사적 화해를 이끌 수 있는 중요성을 갖고 있다. 따라서 통일한국은 동북아 평화지대, 동북아 평화공원의 역할을 할 수 있는 여지가 충분하며, 우리는 이 점을 분명히 인식하고 향후 민족사의 발전에 활용해야 한다.

한반도 평화는 동북아 화해·협력의 물꼬요, 동북아 평화 및 세계 평화로 가는 거대한 대장정의 시작이자 끝이다. 따라서 남북정상회담, 종전선언, 평화협정 혹은 평화체제의 문제는 동북아 평화체제와 동북아 공동체 논의의 시작임을 알려 나가야 한다. 평화외교, 평화의 브랜드화, 평화의 전략화를 통해 통일, 화해·협력, 지역공동체 가능성을 역설하고 주변 국가들의 지지를 이끌어내는 지혜 모색이 절실한 시기가 바로 지금이다. 우리는 통일 분위기를 조성하고, 이웃 국가들이 한반도 통일을 지원하지 않으면 안 되도록 결정하도록 해야 한다.9)

지구상의 마지막 분단국가 한반도의 분단극복과 통일은 동북아, 동아시아를 넘어 세계평화로 가는 인류의 이념적 화해, 동북아 지역 간의 화해, 미·일·중·러 등 강대국들의 역사적 화해인 동시에 20

---

9) 이헌근, "이명박 정부의 대북정책: 비판적 검토와 제언," 『북한학보』, 제33집 1호, 2008, pp.119-120.

세기적 경쟁의 청산, 나아가 새로운 세계평화시대를 여는 진정한 출발점이라는 세계사적 이정표가 될 것이다.[10]

한반도의 지정학적 운명은 비극과 함께 평화의 가능성이 교차하는 역사적 의미로 해석할 수 있을 것이다. 김경일은 대립과 갈등만을 이야기하는 지정전략이 아니라 화합과 협력으로 국익을 극대화하는 새로운 지정전략, 그런 의미에서 한반도의 지정학적 운명은 결코 피해자로서만이 아닌, 수혜자가 될 수도 있는 계기를 맞이할 수 있지 않나 생각한다. 한반도는 해양과 대륙 사이에서 교량역할을 할 수 있다는 것이다.[11]

지정학적으로 한반도는 동북아 화해의 중심, 평화의 중심 역할을 할 수 있는 곳이며, 이제는 역사의 피해자가 아닌 '해결사'의 입장으로 변모할 수 있는 가능성을 우리 스스로 열어 나가야 한다. 그리고 그 시작은 남북관계 정상화, 국제사회에서 북한의 정상국가화에서 비롯될 것이다.

그동안 진행되어온 북핵 위기는 6자회담이라는 동북아 관련 국가의 다자간 대화를 이끌어내면서 또한 진전을 보이면서 6자회담을 다자안보체제 논의로 전환한다는 희망을 현실화하고 있다 할 수 있다.[12] 동북아시아는 북미나 유럽과 달리 오늘날까지 제도적으로 협력한 바가 별로 없다. 다자안보체제나 경제협력체도 없다. 그 가장 중요한 원인이 바로 동북아가 아직까지 냉전의 음영을 벗어나지 못했고 정치적인 불신임과 안보 면에서의 긴장을 벗어나지 못한 데 있

10) 이헌근, "종전선언, 평화체제 그리고 남북관계 변화"(경북대학교 평화문제연구소 제32회 학술세미나 발표논문), 2007, pp.20-21.
11) 류장용, "동북아 평화체제의 구축," 『제3회 한겨레-부산 국제심포지엄 자료집』, 2007 참조.
12) 같은 글 참조.

다고 볼 수 있다. 근대사에 들어선 후 늘 그랬듯이 동북아 질서변동의 핵심에는 늘 한반도가 있었고 지금도 마찬가지라고 볼 수 있다. 한반도 냉전구도가 해체되지 않으면 동북아의 새로운 질서구축이 어렵다는 것이다. 북핵 공동대처의 필요성 공감이 동북아 각국의 국가적 목표인 평화와 안보라는 면과 접합점을 이룬 것 역시 변화의 시대를 열 계기가 되고 있으며, 따라서 동북아 평화안보체제 구축의 큰 그림을 구체화하는 작업을 할 시기가 도래하고 있다.[13] 페퍼(John Feffer)의 논의도 같은 맥락에서 이해할 수 있다.

"앞으로 동북아 평화체제(peace regime)의 중심은 한반도가 될 것이다. 따라서 한반도가 안고 있는 역설이 지역안보시스템에 대한 희망과 꿈, 두려움 등을 표현하고 있는 것은 그리 놀라운 일이 아니다. 사실 그러한 평화체제가 불가능한 많은 이유가 존재한다. 화려한 수사와는 반대로, 미국이나 북한은 양쪽 모두 서로 다른 이유로, 그러나 서로가 연관된 이유로 그러한 시스템을 열망하지 않는다. 이와 동시에 평화체제는 피할 수 없는 것이다. 한국이나 중국, 러시아는 다른 이유로, 그러나 서로 연관된 이유로 이러한 평화체제의 결과물을 지지한다."[14]

지금까지 논의를 요약컨대, 6자회담은 단지 북한 핵문제만이 아닌 동북아의 대화와 역사적 화해·협력·평화를 현실화하는 미래와 희망을 만드는 '소통의 장場'으로서의 의미를 지닌다. 북핵 문제의 해결, 한반도 영구평화체제 구축, 6자회담을 기반으로 하는 동북아 평화안보체제 구축이라는 로드맵이 향후 가능하도록 민족의 중지를

---

13) 이헌근, 앞의 글(2008), pp.129-132.
14) 존 페퍼, "동아시아 평화체제: 불가능성과 불가치성," 『제3회 한겨레-부산 국제심포지엄 자료집』, 2007, p.35.

모아야 한다.

이런 점에서 북한 핵문제 해결은 동북아를 넘어 세계평화로 가는 거대한 역사적 물결임을 인식할 필요가 있다. 그러므로 북한 핵문제 해결과정에서 겪어야 할 문제 역시 의미 있는 역사적 과정으로 생각할 수 있을 것이다.

북한 핵문제는 북한만이 아닌 한민족의 '위기'인 동시에 한반도 분단극복과 통일·평화로 갈 수 있는 '기회'를 동반하고 있다는 적극적 사고와 유연한 역사 인식이 필요하다. 따라서 북한 핵문제 해결을 위한 노력은 한반도 분단극복의 의미와 동북아 화해, 나아가 동북아 평화체제 구축 논의와 함께 맞물려 추진될 수 있음에 주목하고, 이를 국가전략으로 적극 활용하는 지혜가 절실하다. 이에 정부는 6자회담이 북한 핵문제뿐이 아닌, 한민족의 미래를 위해 중대함을 인식하는 것에서부터 모든 대외·대북정책을 시작해야 한다. 특히 6자회담에는 역사의식과 사명감을 지닌 최고의 전문가가 투입되어야 하며, 이를 위한 '한반도미래전략팀'(가칭) 구성 및 운영이 국운을 여는 역할을 할 수 있을 것이다.[15]

6자회담은 단지 북한 핵문제만이 아닌 동북아의 대화와 역사적 화해·협력·평화를 현실화하는 미래와 희망을 만드는 '소통의 장'으로서의 의미를 지닌다. 북한 핵문제 해결, 한반도 영구평화체제 구축, 6자회담을 기반으로 하는 동북아 평화안보체제 구축이라는 로드맵이 향후 가능하도록 민족의 중지를 모아야 한다.

---

15) 이헌근, 앞의 글(2008), pp.133-134.

2. 평화의 전략화와 통일준비

평화는 혼자서 만들 수 없는 성질의 것이며, 관계 속에서 공동의 이익을 추구할 지혜를 나눌 때, 그 속에서 자연스럽게 형성되는 섭리일 것이다. 이렇듯 평화라는 가치외교를 지향해야 할 정부의 남북관계 및 대외정책은 적극적이고 거시적 미래전략이어야 한다. 북핵문제와 6자회담은 한반도를 둘러싼 위기와 더불어 평화와 번영을 위한 새로운 가능성을 함께 보여주고 있다. 분단극복을 통해서 민족의 이익과 평화라는 보편적이고 국제사회에서 가장 설득력 있는 가치를 활용할 수 있는 기회가 우리에게 주어져 있고, 이를 활용해야 함이 우리의 역사적 과제가 아닐까 생각한다.16)

필자는 몇 편의 논문들을 통해 평화의 전략화 즉 평화의 가치를 한민족의 분단 극복과 미래 번영을 위한 국가 브랜드로 삼을 것을 제안한 바 있다. 지면의 제약으로, 이 글에서는 다음과 같이 간략히 언급하기로 한다.

첫째, 평화의 가치를 전략화하자. 분단국 대한민국이 평화를 강조함은 다른 국가들에 비해 그 효과가 지대하다. 아울러 평화는 여전히 이 시대 한반도는 물론, 국제정치의 영역에서 최대의 화두가 되어 있다. 9·11테러와 이라크전쟁, 일본의 보수화와 헌법개정 및 재무장 움직임, 중국위협론의 대두, 북한 핵문제와 미사일문제, 이란문제 등 세계는 더욱 더 평화를 간절히 원하는 상황에 놓여있다.

요컨대 우리는 평화를 광고, 이벤트, 홍보해야 한다. 그리고 평화라는 브랜드를 지속적으로 그리고 치밀한 전략으로 관리해야 한다.

---

16) 이헌근, "한반도 평화 논의와 이명박 정부의 외교안보정책," 『국제문제연구』, 제8권 2호, 2008, pp.149-150.

한민족의 미래를 위해서 평화를 홍보하고, 국제적으로 한국의 국가 이미지로 브랜딩화함은 최고의 안보전략이자 통일전략이다. 나아가 한민족의 미래와 번영을 위한 최고의 투자이자 저축이기도 하다. 따라서 체계적으로 끊임없이 투자하고 관리해야 한다. 평화라는 브랜드는 그 나라의 역사와 문화의 산물이다. 더 나아가 브랜드는 곧 그 나라의 과거와 현재, 미래를 상징한다. 이러한 점에서 현재의 한국과 미래의 통일한국은 평화라는 이미지와 가장 적합하다 할 것이다. 따라서 평화의 이미지를 지혜롭게 활용하여 우리의 국가브랜드로 제고할 수 있을 때, 한민족의 미래는 더욱 밝아올 것이다. 결국 평화의 국가브랜드 전략을 통한 국가이미지 제고는 최고의 통일전략일 수밖에 없으며, 한반도 통일과정에서 당면할 장애들을 제거하는 최고의 협상력으로 작용하게 될 것이다.[17]

둘째, 동북아 공동의 가치 강조 및 추구하자. 동북아의 역사적 화해와 협력 그리고 공동번영의 가치를 공유해야 한다. 이와 더불어 환경, 생명, 에너지 그리고 문화적 개방과 교류를 통한 공존의 지혜를 모아 나가야 한다. 그 중심에 분단국 대한민국이 평화로운 통일한국으로 변하여 자리매김할 수 있다.

셋째, 통일의 패러다임을 전환하자. 한반도 비핵화와 통일한국의 중립화 선언에 대한 공감대를 형성하자. 한반도의 비핵화와 중립화 선언에 대한 주변국들의 확신은 동북아 평화의 도미노선이 될 것이다. 일본의 비핵화와 재무장을 방지하며, 나아가 동북아 지역에서의 군축(러·일·중·미)과 화해·협력의 계기로 작용할 수 있다. 이는 동북아 공동체 및 평화를 위한 결정적 모티브로 작용할 것이다.

---

17) 이헌근, 『평화를 통한 국가이미지 제고와 통일과정에서의 활용방안』, 통일연구원, 2006 참조.

넷째, 6자회담을 적극 활용하고 지혜롭게 관리하자. 6자회담을 통해 한민족의 미래와 세계사적 화해가 이루어질 것이다. 따라서 6자회담에서의 한국의 역할은 보다 적극적이고 능동적, 구체적이어야 한다. 6자회담의 최종목표는 동북아 안보협력과 지역공동체 실현이다. 이런 점에서 6자회담은 유럽안보협력회의(CSCE)와 헬싱키 프로세스의 경험은 우리에게 타산지석이 될 수 있다.[18] 비핵화와 종전선언(혹은 평화선언) 동시화(synchronization)를 통한 한반도 평화체제 구축 논의 진행, 이와 더불어 동북아 평화체제 논의의 구체화 작업이 함께 진행되어야 한다.

다섯째, 한반도 통일의 세계사적 의미에 대한 국제적 동의(consent)를 주도적으로 형성하고 여론화하자. 냉전체제의 사실상의 종식, 동·서 간의 화해와 평화체제를 위한 새로운 출발이라 할 수 있는 한반도 통일의 의미를 인식하는 전세계 지식인들을 주심으로 여론주도계층(opinion leaders), 평화·공존·인권 등 다양한 NGOs에 관여하는 인사들을 네트워크화하고 활용하는 전략적 노력이 요청된다.

다음으로, 통일준비를 위한 현실적 대안으로서 우리는 무엇을 할 수 있는가?

첫째, 북한의 체제안정에 도움을 주자. 북한에 대한 시각의 전환이 필요하다. 북한의 생존과 번영이 한반도의 미래를 위해 바람직하다. 앞서 독일의 경험에도 보았듯이 북한의 가능성과 한계를 직시하고, 무엇보다 인도적 차원에서의 지원을 꾸준히 해나감이 최고의 전략이 될 수 있을 것이다.

---

18) 허만호, "유럽연합의 대북한 인권정책과 유럽인권위원회의 대북결의 채택," 『대한정치학회보』, 제12집 2호, 2004.

둘째, 중국에 투자하고 관리하자. 한민족의 미래는 '중국을 어떻게 활용할 수 있는가?'에 달려있다. 현재의 북한에 대한 중국의 영향력은 절대적이며, 김정일 이후에도 마찬가지다. 북중관계에 주목하여 중국을 안전하게 관리하는 지혜가 요구된다. 우리의 과제는 북한의 홀로서기를 돕는 것, 북한이 개방화·세계화에 동참하도록 하는 것이며, 이를 위해 중국의 동북3성 특히 연변의 조선족 교포들을 활용해야 한다. 조선족 교포들의 중국 왕래가 점차 증대하고 있으며, 이들을 통해 북한의 민심을 획득하는 계기로 삼을 수 있기 때문이다. 아울러 중국은 특히 동북3성은 향후 한민족의 자원·식량·철로·인력 등 활용해야 할 중대한 미래의 활동 공간이라는 가능성을 인식하고 투자해 나가야 한다.[19]

"궁극적으로 대륙과 연계된 한반도가 다시 환동해권과 환황해권을 아우르는 네트워크의 중심적 위치를 점하게 될 때, 즉 한반도가 동북아의 중앙에서 동해와 황해를 아우르며 지중해의 중심과 같은 위치를 찾아갈 때, 통일의 지정학은 완성될 수 있다. 이를 위해서는 무엇보다 과거의 경험으로부터 자유로운 풍부한 상상력과 전략적 사고, 그리고 이를 뒷받침할 국민적 지혜와 노력이 절실하며, 또 북한만이 변해야한다고 주장하기 이전에 우리가 동북아의 평화를 주도적으로 설계하고 통일에 대비한 심리적·제도적 준비가 제대로 되고 있는지를 깊이 생각해볼 필요가 있다."[20]

우리의 지혜와 기술 그리고 동북아의 지정학을 활용한 미래 동북3성을 '가능성의 공간'이라고 표현한 홍면기의 지적은 참으로 적절

---

19) 이와 관련된 상세한 논의는 홍면기, 『영토적 상상력과 통일의 지정학』, 삼성경제연구소, 2006 참조.
20) 같은 책 참조.

하다.

셋째, 민심에 투자하자. 북한 및 중국 조선족 교포들의 민심을 얻지 못하면 향후 어려운 상황에 직면하게 될 것이다. 민심은 천심이다. 민심을 얻게 되면 미래의 북한은 중국의 영향력과 간섭에서부터 자연스럽게 한국과 하나가 되는 결과를 가져올 것임을 명심해야 한다. 민심을 획득하는 최고의 전략은 남북한의 경제협력을 통한 북한 경제의 재건이다. 북한 경제에 대한 영향력이 커질 때 자연스럽게 남북한은 하나가 될 것이다. 즉 대남경제의존도와 대남친밀도를 높이자. 이를 위해서 중국 연변을 활용하고, 북한에 민간부문의 적극적 교류를 허용해 나가야 한다. 특히 관광·문화 교류의 증대 등 중·장기적 투자전략 및 경제 협력·개발사업 등을 장기적 안목으로 이끌어가야 한다.

넷째, 통일준비 및 통일의 당위성 확보를 위해 노력하자. '누가 어떻게 우리에게 도움을 줄 것인가?', '왜 도와야 하는가?'에 대한 정당성 확보, UN 및 국제사회의 지원시스템 확보, 독일 통일의 경험 (자문단) 활용, 통일세 등 통일비용 및 비상사태에 대비한 시스템 점검 등 통일의 준비는 끝이 없다. 준비된 만큼 시행착오를 줄이고, 비극을 줄이고, 통일비용을 줄일 수 있음은 독일이 몸소 보여주었다.

지금까지의 논의를 다음과 같이 정리할 수 있다. 지정학적으로 한반도는 동북아 화해의 중심, 평화의 중심 역할을 할 수 있는 곳이며, 이제는 역사의 피해자가 아닌 '해결사'의 입장으로 변모할 수 있는 가능성을 우리 스스로 열어 나가야 한다. 그렇다면 '우리는 무엇으로 새로운 가능성을 창출할 것인가?' '왜 평화여야 하는가?' '왜 평화가 대한민국의 생존전략이며 미래전략이 될 수 있는가?' '평화를 대한민국의 브랜드화 할 수 있는 외교가 펼쳐져야 하는가?' 다소 논리적 비약이 있을지라도, 지구상의 유일한 분단국 대한민국만이 평화의 절실함을 통해 국제적 공감대를 형성할 수 있고, 이를 통해 동북아를 뛰어 넘는 세계평화의 중심국가로 나아갈 수 있기 때문이다. 정부는 차후 6자회담을 통해 무엇보다 동북아 '평화'의 중심국가임을 강조함으로써 분단극복과 통일과정에 유리한 입장을 점할 수 있을 것이다. 우리가 평화를 강조하면 할수록, 그리고 국제적으로 평화국가의 이미지가 강해질수록, 동북아 평화에 대한 공감대 형성에 한민족이 주도적인 역할을 할 수 있다. 이를 위한 국가전략의 일환으로 한반도 비핵화, 통일한국의 영세중립화 선언을 할 필요가 있다고 생각한다. 특히 한반도의 중립화 선언은 통일과정에서 그리고 통일 이후 동북아 지역에서 여전히 영향력을 갖고자 하는 미국과 중국을 안심시키고 이들을 통일지지세력으로 만들 가능성을 높일 수 있다. 또한 이는 군비확충 등 재무장을 서두르는 일본의 명분을 약화시키고 동북아의 화해와 군축을 이끌 수 있는 계기로 삼을 수 있다.21) 정부는 가치외교와 실용외교를 내세운 바 있다. 이런 점에서 평화가 최고의 가치이며, 보편적인 가치로 동북아와 한반도 평화를 동시에 이룰 수 있는 유일한 가치임을 새롭게 인식해야 할 것이다.22)

Ⅳ. 결론

미국의 금융위기를 필두로 국제환경의 변화, 특히 동북아를 둘러싼 우리 주변의 정세는 가변적이고 복잡다난하다. 북한 핵문제와 김

---

21) 이헌근, 『평화를 통한 국가이미지 제고와 통일과정에서의 활용방안』, 통일연구원, 2006.
22) 이헌근, "이명박 정부의 대북정책: 비판적 검토와 제언," 『북한학보』, 제33집 1호, 2008, p.139.

정일 이후 북한의 향방, 국제무대에서 중국의 위상 강화와 러시아의 힘에 의한 국제정치 복귀 움직임, 일본의 극우민족주의 정권 등장, 그 속에서 정부의 정책집행능력과 위기관리능력은 여전히 우리 사회에 신뢰를 안겨주기에는 부족한 형극이다. 특히 대북정책을 포함한 외교안보정책은 난맥상에 빠져있고, 이명박 정부 등장 이후 가장 큰 정책적인 변화로 한반도 평화체제라는 목표가 없어졌다고 지적하곤 한다.

현재 진행되고 있는 한반도 비핵화를 통한 평화체제 구축과정이 순조롭게 진행된다면, 한반도의 평화와 동북아 공동번영에 기여할 것이라는 점에는 이견이 없다. 그렇다면 '한반도 비핵화 과정에서 한국은 무엇을 얻을 것인가?' 궁극적으로 통일의 정당성 그리고 통일한국의 평화지대화, 동북아 평화의 중재자로서의 한반도의 역할이 모색되어야 하며, 이를 위한 미래지향적 전략에 대한 구체적인 지혜 모색이 이 시대의 과제가 되어야 한다.[23]

따라서 정부의 역사적 과제는 참으로 중대하다. 특히 6자회담의 지혜로운 관리에 한민족의 운명이 달려있음을 인식하고, 이를 정책의 우선과제로 삼아야 할 것으로 생각한다.

한반도에서의 북한 핵문제 해결은 통일과정의 필요조건이며, 또한 6자회담의 추진동기이자 평화·통일 논의의 동력이기도 하다. 북한은 핵무기 폐기를 통해 체제와 안보위기 극복, 경제적 지원을 얻을 수 있다. 그렇다면 '우리는 이 과정에서 무엇을 얻을 것인가?' 정부의 정책은 기본적으로 이 물음에서 시작되어야 할 것이다. 6자회담은 우리의 통일과정의 일부이며, 한반도 평화 구축은 동북아 평화

---

23) 같은 글. p.140.

의 핵심적 논의로 발전시켜야 한다. 즉 동북아 평화의 이슈화에 한국이 주도적 역할을 담당해야 하며, 비핵화와 종전선언 및 평화체제를 넘어 동북아 협력과 평화체제 구축 논의로 나아가야 한다.

북핵협상과정은 우리에게 통일과정으로서 중대한 기회, 따라서 통일을 저해하는 문제점들을 관리할 수 있는 계기로 활용해야 한다. 나아가 우리의 평화의지, 통일의지가 동북아 평화에 얼마나 도움이 되는지는 알리는 계기가 되어야 한다.

무엇보다 정부의 대북정책 성공은 6자회담의 의제를 비핵화를 넘어 동북아 화해·협력 및 평화체제, 나아가 동북아 공동체 형성에 관한 논의로 발전시켜 나가는 우리의 적극적 외교역량에 달려있다.24)

평화는 혼자서 만들 수 없는 성질의 것이며, 관계 속에서 공동의 이익을 추구할 지혜를 나눌 때, 그 속에서 자연스럽게 형성되는 섭리일 것이다. 이렇듯 평화라는 가치외교를 지향해야 할 이명박 정부의 남북관계 및 대외정책은 적극적이고 거시적 미래전략이어야 한다. 북핵문제와 6자회담은 한반도를 둘러싼 위기와 더불어 평화와 번영의 새로운 가능성을 함께 보여주고 있다. 분단극복을 통한 민족의 이익과 평화라는 보편적이고 국제사회에서 가장 설득력 있는 가치를 활용할 수 있는 기회가 우리에게 주어져 있고, 이를 적극 활용해야 함이 정부의 역사적 과제가 아닐까 생각한다.

6자회담은 단지 북한 핵문제만이 아닌 동북아의 대화와 역사적 화해·협력·평화를 현실화하는 미래와 희망을 만드는 '소통의 장'으로서의 의미를 지닌다. 북핵문제의 해결, 한반도 영구평화체제 구축, 6자회담을 기반으로 하는 동북아 평화안보체제 구축이라는 로드

---

24) 같은 글, pp.144-145.

맵이 향후 가능하도록 민족의 중지를 모아야 한다. 또한 6자회담이 냉전체제의 완벽한 해체, 분단체제의 극복, 나아가 세계평화로 나아가는 인류의 역사적 화해의 장이 될 수 있어야 한다. 따라서 한민족의 사명은 지구의 운명, 평화로 이어지는 지대한 것이라 할 것이다. 결국 북한과 통일을 어떤 시각에서 어떤 가치로 접근하느냐는 동북아를 넘어 세계인의 희망인 평화를 어떻게 이룰 것인가의 문제를 해결하는 접근법이 될 수 있음에 우리 스스로 주목하자.

참고문헌

김누리·노영돈, 『통일과 문화: 통일독일의 현실과 한반도』, 서울: 역사비평
사, 2003.

김용현, "2008 남북관계 방향과 과제," *KNSI*, 제20-5호, 2008.

리온 시걸, "한국을 위한 협력: 평화 프로세스와 비핵화"(북한대학원대학교
국제학술회의 발표논문), 2008.5.1.

류장용, "동북아 평화체제의 구축," 『제3회 한겨레-부산 국제심포지엄 자료집』,
2007.

박순성, "이명박 정부 대북통일정책의 전망과 시민사회의 과제"(6·15남측위
원회 정책토론회 발표자료), 2008.2.21.

서보혁, 『북한 인권: 이론·실제·정책』, 서울: 한울아카데미, 2007.

이재봉, 『두 눈으로 보는 북한』, 서울: 평화세상, 2008.

이헌근, "종전선언, 평화체제 그리고 남북관계 변화"(경북대학교 평화문제연
구소 제32회 학술세미나 발표논문), 2007.

_____, 『평화를 통한 국가이미지 제고와 통일과정에서의 활용방안』, 통일연
구원, 2006.

_____, "한반도 평화체제의 의미와 구축 전망: 동북아 평화체제와 관련하
여"(한국동북아학회 발표논문), 2004.

_____, 『통일, 민족주의 그리고 제3의 길』, 부산: 신지서원, 2001.

_____, "한반도 평화 논의와 이명박 정부의 외교안보정책," 『국제문제연구』,
제8권 2호, 2008a.

_____, "이명박 정부의 대북정책: 비판적 검토와 제언," 『북한학보』, 제33집
1호, 2008b.

임동원, 『피스메이커』, 서울: 중앙북스, 2008.

임수호, 『계획과 시장의 공존: 북한의 경제개혁과 체제변화 전망』, 삼성경제
연구소, 2007.

윤대규 편, 북한 체제전환의 전개과정과 발전조건, 서울: 한울아카데미, 2008.

정욱식, "이명박 정부의 대북정책과 한반도 평화"(세계평화통일학회 발표논
문), 2008.2.13.

조 민, "새 정부 대북정책 추진방향," 『이명박 정부의 통일·안보·외교정책
추진방향』, 외교안보연구원, 2008.

조성렬, "대북정책의 성공적인 전환을 위한 제언," 『평화논평』, 제35호,
2008.1.21.

존 페퍼, "동아시아 평화체제: 불가능성과 불가치성," 『제3회 한겨레-부산 국제심포지엄 자료집』, 2007.

하영선 편저, 『한미동맹의 비전과 과제』, 서울: EAI, 2006.

허만호, "유럽연합의 대북한 인권정책과 유럽인권위원회의 대북결의 채택," 『대한정치학회보』, 제12집 2호, 2004.

허만호, 『북한의 개혁 개방과 인권』, 서울: 명인문화사, 2008.

홍면기, 『영토적 상상력과 통일의 지정학』, 삼성경제연구소, 2006.

기타 『조선일보』, 『중앙일보』, 『연합뉴스』, 『경향신문』, 『국제신문』 외.

이헌근(李憲根)

주요 경력
· 부경대학교 연구교수(정치학박사)
· 한국시민윤리학회 회장(2016)
· 한국세계지역학회 부회장(2010)
· 동아시아국제정치학회 부회장(2009)
· 21세기정치학회 부회장(2007, 2017)
· 한국정치학회 이사, 북한 및 통일연구분과위원장 역임
· 한일평화통신사 한국대표 역임
· 유네스코한국위원회 생명윤리시민패널 대표(2007)

주요 저서와 논문
· 『한반도의 지정학적 가치를 넘어서: 창조적 가치와 통일담론』(2015)
· 『스웨덴 복지정치』
· 『현대 유럽의 정치: 그 이상과 현실』
· 『여성, 평등 그리고 정치발전』
· 『통일, 민족주의 그리고 제3의 길』
· 『북한의 이해와 한민족 통합』
· 『평화를 통한 국가이미지 제고와 통일과정에서의 활용방안』(통일연구원, 2006),
· 『정치학으로의 산책』(한울, 공저)
· 『지방정치학으로의 산책』(한울, 공저)
· 『세계화와 복지국가』(나남, 공저)
· 『세계를 향한 부산의 비전』(공저)
· 『믿을 수 있는 삶과 미래』(공저) 외 다수.
· 「스웨덴 여성 정치참여의 제도적 발전과정과 한국에의 적용가능성 연구」(2005, 『한국시민윤리학회보』)
· 「민족주의 담론을 통해 본 통일과 한민족 통합」(2006, 『국제문제논총』)
· 「여성의 정치적 대표성과 정치제도와의 상관성」(2007, 『한국시민윤리학회보』)
· 「한반도 평화 논의와 이명박 정부의 외교안보정책」(2008, 『국제문제연구』, 국가안보전략연구소)
· 「이명박 정부의 대북정책: 비판적 검토와 제언」(2008, 『북한학회보』)
· 「스웨덴 정치발전의 경험과 가치 공유」(2010, 『국제지역학논총』)
· "한반도의 지정학적 가치 극대화를 위한 북한의 정상국가화 방안"(2016)
· "노르웨이 시민교육, 정치참여 그리고 민주주의"(2016)
이외 유럽(스웨덴) 복지정치와 한민족 통일, 평화 문제 관련 논문 50여 편 발표.

· 관심분야: 통일, 복지, 평등 그리고 평화(함께 사는 세상, 살 맛 나는 세상 만들기)
· e-mail: rhee918@hanmail.net

두만강에 평화가 흐를 때,
통일은 대박이다

초판인쇄   2017년 08월 28일
초판발행   2017년 08월 28일

지은이   이헌근
펴낸이   채종준
펴낸곳   한국학술정보㈜
주소   경기도 파주시 회동길 230(문발동)
전화   031) 908-3181(대표)
팩스   031) 908-3189
홈페이지   http://ebook.kstudy.com
전자우편   출판사업부   publish@kstudy.com
등록   제일산-115호(2000. 6. 19)

ISBN   978-89-268-8135-4   93300